北大版 HSK应试辅导丛书

刘 云
全文灵 牛变琳 编著

中文水平考试
HSK（二级）
全真模拟题集（第3版）

北京大学出版社
PEKING UNIVERSITY PRESS

图书在版编目 (CIP) 数据

中文水平考试 HSK(二级)全真模拟题集 / 刘云，郝小焕主编. —— 3版. —— 北京：北京大学出版社，2025.6.
(北大版 HSK 应试辅导丛书). —— ISBN 978-7-301-36287-7

Ⅰ . H195.6

中国国家版本馆 CIP 数据核字第 2025PE8526 号

书　　　名	中文水平考试 HSK（二级）全真模拟题集（第 3 版）	
	ZHONGWEN SHUIPING KAOSHI HSK (ERJI) QUANZHEN MONITIJI (DI-SAN BAN)	
著作责任者	刘　云　郝小焕　主编	
责 任 编 辑	宋思佳	
标 准 书 号	ISBN 978-7-301-36287-7	
出 版 发 行	北京大学出版社	
地　　　址	北京市海淀区成府路 205 号　100871	
网　　　址	http://www.pup.cn　　新浪微博：@北京大学出版社	
电 子 邮 箱	zpup@pup.cn	
电　　　话	邮购部 010-62752015　发行部 010-62750672　编辑部 010-62753374	
印 刷 者	河北博文科技印务有限公司	
经 销 者	新华书店	
	889 毫米 ×1194 毫米　大 16 开本　12.25 印张　397 千字	
	2010 年 9 月第 1 版　2013 年 8 月第 2 版	
	2025 年 6 月第 3 版　2025 年 6 月第 1 次印刷	
定　　　价	56.00 元	

修订说明

    中文水平考试（HSK）作为一项国际汉语能力标准化考试，自 2010 年正式实施以来，受到了全球汉语学习者的广泛欢迎。2021 年，《国际中文教育中文水平等级标准》（简称《等级标准》）全新推出，旨在更准确地描述和评估全球汉语学习者的语言能力。这一新的评估体系提出了"三等九级"的新框架，采用"3＋5"的规范化路径和"四维基准"的量化指标组合来详细划分和衡量汉语水平。"3"指言语交际能力、话题任务内容、语言量化指标三个层面，"5"指听、说、读、写、译五种语言基本技能；"四维基准"指衡量中文水平的音节、汉字、词汇、语法的四种语言基本要素。

    为了适应新大纲的调整和变化，应广大读者要求，以及为进一步满足 HSK 考生备考的需求，继 2010 年出版市面上第一套"新汉语水平考试 HSK 全真模拟题集"和 2013 年推出"新汉语水平考试 HSK 全真模拟题集（第 2 版）"之后，我们于 2024 年推出了"中文水平考试 HSK 全真模拟题（第 3 版）"。本次修订，结合了编者十余年的教学经验，在原有模拟题的基础上，对题型、难度及内容进行了必要的调整和更新，确保每一级别的试题都能精准地反映出考试的最新要求，为考生提供符合当前标准的备考资料。

    第 3 版还新增了各级别的报考指南、考试说明与答题技巧，详细介绍了考试形式、考查内容及应试技巧，帮助考生更好地理解考试结构和备考。此外，每套试卷还包含"自测评分表"，以便考生在备考过程中进行自我评估，调整学习策略。修订后，三级至六级新增详细题解，列出每个题目涉及的本级别生词，对题目的重难点进行剖析，并为口语和写作题列出参考答案和解题思路。

    通过全面细致的修订，"中文水平考试 HSK 全真模拟题集（第 3 版）"不仅有助于考生有效测试现有水平，更有助于提高考生汉语的运用能力，以及掌握复习备考的方法及应试策略。

目　录

中文水平考试 HSK(二级)考试报考指南 ……………………………………………… 1

中文水平考试 HSK(二级)考试说明与答题技巧 …………………………………… 4

中文水平考试 HSK(二级)
全真模拟题

中文水平考试 HSK(二级)全真模拟题 1 …………………………………………… 23

中文水平考试 HSK(二级)全真模拟题 2 …………………………………………… 37

中文水平考试 HSK(二级)全真模拟题 3 …………………………………………… 51

中文水平考试 HSK(二级)全真模拟题 4 …………………………………………… 65

中文水平考试 HSK(二级)全真模拟题 5 …………………………………………… 79

中文水平考试 HSK(二级)全真模拟题
听力材料

中文水平考试 HSK(二级)全真模拟题 1 听力材料 ……………………………… 95

中文水平考试 HSK(二级)全真模拟题 2 听力材料 ……………………………… 103

中文水平考试 HSK(二级)全真模拟题 3 听力材料 ……………………………… 112

中文水平考试 HSK(二级)全真模拟题 4 听力材料 ……………………………… 121

中文水平考试 HSK(二级)全真模拟题 5 听力材料 ……………………………… 129

中文水平考试 HSK(二级)全真模拟题
答案

中文水平考试 HSK(二级)全真模拟题 1 答案 ·· 139

中文水平考试 HSK(二级)全真模拟题 2 答案 ·· 140

中文水平考试 HSK(二级)全真模拟题 3 答案 ·· 141

中文水平考试 HSK(二级)全真模拟题 4 答案 ·· 142

中文水平考试 HSK(二级)全真模拟题 5 答案 ·· 143

中文水平考试 HSK(二级)
音节·汉字·词汇·语法

中文水平考试 HSK(二级)音节 ··· 147

中文水平考试 HSK(二级)汉字 ··· 155

中文水平考试 HSK(二级)词汇 ··· 161

中文水平考试 HSK(二级)语法 ··· 174

中文水平考试 HSK（二级）考试报考指南
Guide to Registering for the HSK Level 2 Exam

■ **考试报名 Exam Registration**

考生可以选择网上报名或者去考点报名。

Candidates can choose to register online or at an examination center.

1. 网上报名 Online Registration

第一步 Step 1	登录中文考试服务网 Log into the Chinese Test Service Website.	www. chinesetest. cn
第二步 Step 2	注册用户 Create an account.	填写 e-mail 地址、国籍、母语、出生日期和其他信息。 Provide your e-mail address，nationality，native language，date of birth，and other required details.
第三步 Step 3	考试报名 Sign up for the exam.	选择考试时间和最近的考点、上传照片并确认注册信息。 Pick your examination date，the nearest center，upload your photo，and confirm your registration details.
第四步 Step 4	支付考试费 Pay the examination fee.	必须在报名截止前完成交费。 Payment must be completed before the registration deadline. 开通网上支付的考点，考生可直接进行在线支付。 For centers that accept online payments，candidates can pay directly online.
第五步 Step 5	获得报名确认 Receive registration confirmation.	交费成功的考生会在考前 10 天得到 e-mail 确认。 Candidates who successfully make payment will receive an e-mail confirmation 10 days before the exam.
第六步 Step 6	领取准考证 Collect your admission ticket.	登录 www. chinesetest. cn 打印准考证或去考点领取。 Log in to www. chinesetest. cn to print your ticket，or pick it up at the examination center.

2. 考点报名 Registration at the Examination Center

考生也可以携带照片和身份证件直接去附近考点交费报名。

Candidates can also register in person at a nearby examination center by bringing a photo and valid identification to pay the registration fee.

■ **考试须知 Exam Instructions**

1. 核对准考证信息 Check Admission Ticket Details

准考证上的姓名信息与护照或其他证件上的信息必须一致。

The name on the admission ticket must match the name on your passport or other identification documents.

2. 考试用品 Items to Bring for the Exam

（1）准考证 Admission ticket

（2）报名所用的证件 Identification used for registration

（3）2B 铅笔和橡皮（纸笔考试携带）2B pencils and eraser（for paper-based exams）

3. 入场时间 Time of Admission

（1）考试前半小时开始进场。Entry opens 30 minutes before the examination starts.

（2）听力考试后，迟到考生须等听力考试结束后才可进入考场参加阅读考试，所误时间不补。If you're late after the listening exam has begun, you must wait until it ends to enter and take the reading exam. No extra time will be given for missed sections.

4. 保存好注册信息以便查询成绩或进行下一次考试的报名。Keep your registration information for result checks or to register for subsequent exams.

■ **成绩和证书 Scores and Certificates**

1. 查成绩 Viewing Test Results

（1）时间：纸笔考试一个月后，网络考试两周后的周一。

When：Paper-based exam results are available one month after，while online test results are available the following Monday，two weeks post-exam.

（2）方式：登录 www. chinesetest. cn，输入准考证号和姓名查询成绩。

How：Log into www. chinesetest. cn and input your admission ticket number and name to view your scores.

2. 通过分数 Passing Score

HSK 二级总分 200 分。考生 120 分为合格。对单项最低成绩并无要求。

The total score for the HSK Level 2 is 200 points. A score of 120 points is considered passing. There's no specific requirement for individual sections.

3. 领证书 Collecting Your Certificate

考后 1—2 个月会寄到考点，考生凭准考证去领取。

Certificates will be sent to the examination centers 1－2 months after the test. Collect yours by presenting your admission ticket.

4. 证书有效期 Certificate Validity

证书有效期 2 年（从考试当日算起）。

Certificates are valid for 2 years，starting from the day of the exam.

中文水平考试 HSK（二级）考试说明与答题技巧
The HSK Level 2 Exam Overview and Answering Techniques

一、考试内容 Exam Content

HSK 2 级共 60 题，分听力、阅读两部分。全部考试共 55 分钟。

The HSK Level 2 exam has a total of 60 questions, divided into listening and reading sections. The entire exam takes about 55 minutes (including 5 minutes for examinees to fill in personal information).

考试内容 Exam Content		试题数量 Number of Questions		考试时间（分钟） Exam Duration (minutes)
一、听力 I. Listening	第一部分 Part Ⅰ	10	35	约 25
	第二部分 Part Ⅱ	10		
	第三部分 Part Ⅲ	10		
	第四部分 Part Ⅳ	5		
填写答题卡（将听力部分的答案填涂到答题卡上）Filling in the answer sheet (bubble in your listening answers on the answer sheet)				3
二、阅读 II. Reading	第一部分 Part Ⅰ	5	25	22
	第二部分 Part Ⅱ	5		
	第三部分 Part Ⅲ	5		
	第四部分 Part Ⅳ	10		
共计 Total	/	60		约 50

二、词汇基础 Foundational Vocabulary

HSK 二级大纲包括 772 个常用词，这 772 个词和与之相关的语法项目是考试的重点。命题老师往往会根据某一个或两三个词语构建出一道题目，考查考生对这些词语的理解和运用。HSK 二级考试中不允许出现二级大纲以外的词汇。因此，对这 772 个词，考生要做到四会：会认，会读，会用，会写。

The HSK Level 2 syllabus includes 772 common words, and these words along with related grammar items are the focus of the exam. Question setters often create questions based on one or a few of these words to test candidates' understanding and use of them. Vocabulary outside the Level 2 syllabus is not permitted in the HSK Level 2 exam.

Therefore, candidates must be proficient in recognizing, reading, using, and writing these 772 words.

三、答题技巧 Exam Techniques

（一）听力 Listening

听力题由四部分组成。每题听两遍。

Listening comprises four parts. Each question is played twice.

第一、二部分 Part Ⅰ & Ⅱ

◆ **题目要求与样题 Exam Requirements and Sample Questions**

	题量 Number of Questions	录音材料 Listening Material	答题要求 Answering Requirements
第一部分 Part 1	10	一个句子 A sentence	判断所给图片对错 Determine if the given picture is correct or incorrect.
第二部分 Part 2	10	两句对话 Two sentences of dialogue.	选出对应图片 Select the corresponding picture.

第 1-10 题

例如：		√
		×
1.		
2.		
3.		
4.		
5.		

Lìrú：Wǒmen jiā yǒu sān ge rén.
例如：我们 家 有 三 个 人。

Wǒ měi tiān zuò gōnggòng qìchē qù shàng bān.
我 每 天 坐 公共 汽车 去 上 班。

听力录音 Listening Material

Tā zhèngzài dǎ diànhuà ne.
1. 他 正在 打 电话 呢。

第二部分样题 Sample Question

第 11-15 题

A

B

C

D

E

F

Lìrú:　　　　Nǐ xǐhuan shénme yùndòng?
例如：男：你 喜欢 什么 运动？

　　　　　　Wǒ zuì xǐhuan tī zúqiú.
　　　女：我 最 喜欢 踢足球。　　　　　　　　　D

11.

12.

13.

14.

15.

听力录音 Listening Material

11.

　　　　Nǐ lèi le ba?
男：你 累了吧？

　　　　Shì, wǒ yào xiūxi xiūxi.
女：是，我 要 休息休息。

— 7 —

◆ 解题步骤 Steps to Solving the Problem

Step 1.

听力开始前，观察图片中出现的人的动作、事物、动物等，在空白处把相关表达用拼音或者汉字写下来。例如：

Before the listening begins, observe the actions of people, things, animals, etc., in the picture, and write down the related expressions in Pinyin or your language in the blank space. For example:

第 1 题：图片中一个男的正在打电话，可以在空白处写出"dǎ diànhuà 打电话"。

Question 1: The picture shows a man making a phone call, and the blank can be filled with "dǎ diànhuà 打电话".

第 11—15 题：可在图片中分别标出"A háizi 孩子，wánr 玩儿　B shū 书　C jǐ diǎn 几点，liù diǎn 六点　E lěng 冷　F lèi 累"。

Questions 11—15: The pictures can be labeled respectively with "A Child, playing B Book　C What time, six o'clock　E Cold　F Tired".

Step 2.

听第一遍录音，判断录音是否与图片是否一致。或找出一致的图片。例如：

Listen to the recording the first time, determine if the recording is consistent with the picture or find the consistent picture. For example:

第 1 题：录音是："他　正在　打　电话　呢。"与图片一致，因此，写出答案"√"。

Question 1: The recording states, "He is making a phone call," which matches the picture. Therefore, the answer "√" should be written.

第 11 题：录音是"你累了吧？是，我要休息休息。"通过"累"可以选出一致的图片是 F。

Question 11: The recording asks, "Are you tired? Yes, I need to rest a bit." From the word "tired", picture F can be identified.

Step 3.

听第二遍录音，再次确认答案是否正确，填写是否正确。

Listen to the recording a second time to confirm again if the answer is correct and fill in accordingly.

◆ 答题技巧 Exam Techniques

1. 第一、二部分是图片题，熟练掌握容易在图片中表现出来的：

The first and second parts are picture-based questions. Master the following that are easily represented in pictures:

（1）人的动作词汇 Vocabulary related to human actions

（2）动物和事物的名称 Names of animals and objects

2. 注意抓取关键词。听到与图片相关的任何关键词，即为答案。

Pay attention to capturing keywords. Any keyword related to the picture heard is the answer.

第三、四部分 Part III & IV
◆ 题目要求与例题 Exam Requirements and Sample Questions

考试内容 Section	题量 Number of Questions	录音材料 Listening Material	答题要求 Answering Requirements
第三部分 Part III	10	两句对话＋一个问题 Two sentences of dialogue ＋ one question.	单选 Multiple choice
第四部分 Part IV	5	四到五句对话＋一个问题 Four to five sentences of dialogue ＋ one question.	单选 Multiple choice

第三部分样题 Sample Question

tā yě qù   tā bú qù   tā qùguo le
21. A 他也去   B 他不去   C 他去过了

听力录音 Listening Material

21.

Xià xīngqī wǒmen yào qù Shànghǎi lǚyóu, nǐ qù ma?
女：下 星期 我们 要 去 上海 旅游，你 去 吗？

Tài hǎo le! Wǒ yě qù.
男：太 好 了！我 也 去。

Nán de shì shénme yìsi?
问：男 的 是 什么 意思？

第四部分样题 Sample Question

jīn   jīn   jīn
31. A 1 斤   B 4 斤   C 10 斤

听力录音 Listening Material

31.

Píngguǒ zěnme mài?
女：苹果 怎么 卖？

Sì kuài qián yì jīn.
男：四 块 钱 一 斤。

9

> Wǒ xiǎng mǎi shí jīn, nǐ néng bāng wǒ sòngdào jiā li ma?
> 女：我 想 买 十 斤，你 能 帮 我 送到 家里 吗？
> Méi wèntí.
> 男：没 问题。
> Nǚ de yào mǎi jǐ jīn píngguǒ?
> 问：女 的 要 买 几 斤 苹果？

◆ 解题步骤 Steps to Solving the Problem

Step 1.

听力开始前，根据选项预测问题。例如：

Before the listening begins, predict the questions based on the options. For example：

第21题：选项都有"他"和"去"，因此可以推测出问题和"男 的 去 不 去"有关系。

Question 21：All options contain "he" and "go," so it can be inferred that the question is related to "whether the man will go or not".

第31题：选项中都有"斤"，因此可以推测出问题可能是"几斤/ 多少 斤"。

Question 31：All options include "jin", hence the question likely asks "how many jin?"

Step 2.

听第一遍录音，先标出直接听到的选项。然后选出与问题对应的选项。例如：

Listen to the recording for the first time, marking the options you directly hear. Then, pay attention to the question and select the corresponding option. For example：

第21题：录音是："男：我 也 去。"因此，选出答案"A"。

Question 21：The recording says, "Man：I will go too." Thus, the answer "A" is chosen.

第31题：录音是"女：我 想 买 十 斤。""问：女 的 要 几 斤 苹果？"因此，选出答案"C"。

Question 31：The recording states, "Woman：I want to buy ten jin", and the question asked is, "How many jin of apples does the woman want?" Therefore, the answer "C" is selected.

Step 3.

听第二遍录音，再次确认答案是否正确，填写是否正确。

Listen to the recording a second time to reconfirm that the answer is correct and record whether it is correct.

◆ 答题技巧 Exam Techniques

掌握提问方式和相关词汇。Understand the ways questions are asked and relevant vocabulary.

提问内容指向 Question focus	提问形式 Question format	相关词汇 Relevant vocabulary
地点 Place	Tāmen zuì kěnéng zài nǎr? 他们 最 可能 在 哪儿？ Tā yào qù nǎr? 他 要 去 哪儿？	jiā fángjiān xuéxiào gōngsī yīyuàn 家、房间、学校、公司、医院、 diànyǐngyuàn shāngdiàn shūdiàn shuǐguǒdiàn 电影院、商店、书店、水果店、 fàndiàn 饭店 shàng xià zuǒ yòu lǐ wài ……上 / 下 / 左 / 右 / 里 / 外 /
交通方式 Transportation method	Nán de nǚ de zěnme qù…? 男的 / 女的 怎么 去……？	kāi chē zuò chūzūchē fēijī huǒchē 开车、坐＋出租车 / 飞机 / 火车 jīchǎng huǒchēzhàn chēzhàn 机场、火车站、车站
行为、活动 Action，activity	Nán de nǚ de zài zuò shénme? 男的 / 女的 在 做 什么？ Nán de ràng nǚ de zuò shénme? 男的 让 女的 做 什么？	lǚyóu yùndòng pǎo bù yóu yǒng dǎ lánqiú 旅游、运动、跑步、游泳、打篮球、 tī zúqiú mǎi dōngxi kàn diànyǐng 踢足球、买东西、看电影 lái qù huí 来 / 去 / 回
时间、数字 Time，number	Xiànzài kěnéng shì shénme shíhou? 现在 可能 是 什么 时候？ Tā nǚ'ér jǐ suì le? 他 女儿 几 岁 了？	nián yuè rì xīngqī 年、月、日、星期 diǎn fēn bàn fēnzhōng xiǎoshí 点、分、半、分钟、小时
身份、关系 Identity，relationship	Nán de Nǚ de shì zuò shénme de? 男的 / 女的 是 做 什么 的？ Tāmen zuì kěnéng shì shénme guānxi? 他们 最 可能 是 什么 关系？	péngyou tóngxué fúwùyuán māma hé érzi 朋友、同学、服务员、妈妈和儿子、 bàba hé nǚ'ér zhàngfu hé qīzi 爸爸和女儿、丈夫和妻子、 lǎoshī hé xuéshēng yīshēng hé bìngrén 老师和学生、医生和病人
总结、推理 Summary，reasoning	Nán de Nǚ de shì shénme yìsi? 男的 / 女的 是 什么 意思？ Nán de Nǚ de zěnme le? 男的 / 女的 怎么 了？	xǐhuan juéde xiǎng 喜欢、觉得、想

（二）阅读 Reading

阅读题由四部分组成。

Reading comprehension consists of four parts.

◆ **题目要求与例题 Exam Requirements and Sample Questions**

考试内容 Section	题量 Number of Questions	阅读材料 Reading Material	答题要求 Answering Requirements
第一部分 Part Ⅰ	5	一个句子 A sentence	选出对应图片 Select the corresponding picture

第一部分样题 Sample Question

第36-40题

A

B

C

D

E

F

Lì rú   Měi ge xīngqīliù, wǒ dōu qù dǎ lánqiú.
例如：每 个 星期六，我 都 去 打 篮球。   D

Xiǎo gǒu shēng bìng le, tā jīntiān shénme dōngxi yě méi chī.
36. 小 狗 生 病 了，它 今天 什么 东西 也 没 吃。   ☐

Nǐ chàng de zhēn hǎo, zài chàng yí ge ba.
37. 你 唱 得 真 好，再 唱 一 个 吧。   ☐

Bié zǒu lù de shíhou kàn bàozhǐ duì yǎnjīng bù hǎo.
38. 别 走 路 的 时候 看 报纸，对 眼睛 不 好。   ☐

Wǒ dào jiā de shíhou, tā zhèngzài xǐ yīfu ne.
39. 我 到 家 的 时候，她 正在 洗 衣服 呢。   ☐

Fúwùyuán wèn："Nín xiǎng chī shénme?"
40. 服务员 问："您 想 吃 什么?"   ☐

◆ 解题步骤 Steps to Solving the Problem

Step 1.

读题目，根据题目中的主语或谓语动作选出相关图片。

Read the question and select the related picture based on the subject or verb in the question.

Step 2.

划掉已经被选的选项。

Cross off options that have already been chosen.

Step 3.

全部做完后，再次确认答案是否正确，填写是否正确。

Once all questions are completed，double check if the answers are correct and fill in the correct answer.

◆ 答题技巧 Exam Techniques

注意抓取关键词。

Pay attention to key words.

1. 先看主语，通过主语能判断出图片中包含的是人、动物还是事物。

First，read the subject to determine whether the picture includes a person，an animal，or an object.

2. 如果是与人相关的图片，注意句子中表示动作的词语。

If the picture is related to a person，note the words that indicate action in the sentence.

第二部分 Part Ⅱ
◆ 题目要求与例题 Exam Requirements and Sample Questions

考试内容 Section	题量 Number of Questions	阅读材料 Reading Material	答题要求 Answering Requirements
第二部分 Part Ⅱ	5	5 个带空格的句子＋5 个备选词 5 sentences with blanks ＋ 5 optional words	选词填空 Choose words to fill in the blanks

— 13 —

第二部分样题 Sample Question

第 41—45 题

         qùnián   bǐ   xīwàng   wǎng   guì   shìqing
   A 去年   B 比   C 希望   D 往   E 贵   F 事情

Zhèr de yángròu hěn hǎochī，dànshì yě hěn
例如：这儿 的 羊肉 很 好吃，但是 也 很 （ E ）。

Qǐng jìn，Nǐ zhǎo wǒ yǒu shénme
41. 请 进，你 找 我 有 什么 （   ）？

Zhè jiàn yīfu tā   chuānguo yí cì.
42. 这 件 衣服 她 （   ） 穿过 一 次。

Nǚ'ér xiàozhe shuō，   míngtiān shì ge qíngtiān.
43. 女儿 笑着 说，（   ） 明天 是 个 晴天。

Wèi？ Nǐ   yòubian kàn，kànjiàn le ma? Wǒ jiù zài shāngdiàn
44. 喂？你 （   ） 右边 看，看见 了 吗？我 就 在 商店
pángbiān.
旁边。

Nǐ jīntiān shēntǐ zěnmeyàng?
45. 女：你 今天 身体 怎么样？
zuótiān hǎo.
男：（   ） 昨天 好。

◆ 解题步骤 **Steps to Solving the Problem**

Step 1.

读词，把握五个词的词性和意思。

Read the word，understand the parts of speech and meanings of five words.

Step 2.

读句子，把对应词性和意思的词填入空格中并在题目中划掉选项。

Read the sentence，and fill in the blanks with words that match the parts of speech and meanings. Then，cross off the options in the question.

Step 3.

再次确认句子的意思是否自然通顺。

Double check that the sentence flows.

◆ 答题技巧 **Exam Techniques**

1. 利用词语在句子中的常见位置。

Use the common positions of words in sentences.

汉语句子的基本结构是：主语（Subject）＋谓语（Predicate）＋宾语（Object）。主语常常是名词、代词，比如"猫、我"；谓语常常是动词、形容词，比如"去、漂亮"；宾语常常是名词，比如"学校、医生"。

The basic structure of Chinese sentences is：Subject（Sub.）＋ Predicate（Pre.）＋ Object（Obj.）. Subjects are often nouns or pronouns，such as "cat，I"；predicates are often verbs or adjectives，such as "go，beautiful"；objects are often nouns，such as "school，doctor".

针对选词填空题，如果题目中某个位置空缺了，我们可以大致判断这里需要的是什么类的词语，这样可以帮助我们解题。如："你 叫 什 么（　　）"。我们可以判断出这里缺少的是一个宾语名词。

For word selection and fill-in-the-blank questions，if there is a gap in a particular position in the question，we can generally determine what type of word is needed，which helps to solve the question. For example，"You（nǐ）are called（jiào）what（shénme）（　）". Here，it can be deduced that an object noun is missing.

2. 利用词语的常用结构以及固定搭配。

Use common structures and fixed collocations of words.

如"的"后面常常是名词；动词前常常是副词。

For example，"的（de）" is often followed by a noun；adverbs often precede verbs.

◆ 题目要求与例题 Exam Requirements and Sample Questions

考试内容 Section	题量 Number of Questions	阅读材料 Reading Material	答题要求 Answering Requirements
第三部分 Part Ⅲ	5	一段话＋一个句子（判断对错） 1 short passage ＋ 1 assertation （True or False)	判断内容是否一致 Consistency Check

---

第三部分样题 Sample Question

Mèimei xiànzài shàng bān le, měi tiān dōu hěn máng, suǒyǐ wánr de shíjiān

47. 妹妹 现在 上 班 了，每 天 都 很 忙，所以 玩儿 的 时间

hěn shǎo.

很 少。

Mèimei gōngzuò hěn máng.

★ 妹妹 工作 很 忙。

◆ 解题步骤 Steps to Solving the Problem

Step 1.

先读短句，把握句子的内容。

First，read the short sentences to understand the content of each sentence.

Step 2.

读长句，一一对应句子的主语、谓语、宾语等细节，判断是否一致。

Then read the longer sentences，matching each sentence's subject，verb，object and other details to determine if they are consistent.

◆ 答题技巧 Exam Techniques

1. 利用词语在句中的位置，对比主谓宾语。

Use the position of words in a sentence to compare subjects，verbs and objects.

2. 注意细节：注意数字、时间、肯定否定、比较等。有时候这些细节可能会换一种形式出现。

Pay attention to details：Note numbers，time，affirmations or negations，comparisons，etc. Sometimes，these details may appear in a different form.

3. 注意关联词和固定结构。

Pay attention to conjunctions and fixed structures.

"因为……所以……"表示因果关系。"但是"后常常有转折。注意"比"字句的比较关系。

"Because ... therefore ..." indicates a causal relationship. "but" often introduces a contrast. Pay attention to the comparative relationship in sentences using "than".

第四部分 Part 4
◆ 题目要求与例题 Exam Requirements and Sample Questions

考试内容 Section	题量 Number of Questions	阅读材料 Reading Material	答题要求 Answering Requirements
第四部分 Part Ⅳ	10	20 个句子 20 sentences	找出对应关系 Finding Correspondences

---

第四部分样题 Sample Question

第 51—55 题

Tāmen liǎng ge rén zài wèn lù.
A 他们 两 个人 在 问 路。

shàng bān de shíhou, tā juéde hěn lèi.
B 上 班 的 时候，他 觉得 很 累。

Tài hǎo le, wǒmen míngtiān jiù qù mǎi.
C 太 好 了，我们 明天 就 去 买。

Nǐ kàn, tā jiào Wáng Xiǎoyǔ.
D 你 看，她 叫 王 小雨。

Tā zài nǎr ne? Nǐ kànjiàn tā le ma?
E 他 在 哪儿 呢？你 看见 他 了 吗？

Tā hěn gāo, yě hěn piàoliang, wǒ fēicháng xǐhuan tā.
F 她 很 高，也 很 漂亮，我 非常 喜欢 她。

例如：
Tā hái zài jiàoshì li xuéxí.
他 还 在 教室 里 学习。

Zhōngguórén de xìng zài míngzi de qiánmiàn.
51. 中国人 的 姓 在 名字 的 前面。

Tā zuótiān shuì de hěn wǎn.
52. 他 昨天 睡 得 很 晚。

Nǐ juéde tā zěnmeyàng?
53. 你 觉得 她 怎么样？

Méi wèntí, wǒ gàosu nǐ, qián bú shì wèntí.
54. 没 问题，我 告诉 你，钱 不 是 问题。

Wǒmen yào qù Běijīng Dàxué, qǐngwèn zěnme zǒu?
55. 我们 要 去 北京 大学， 请问 怎么 走？

◆ 解题步骤 Steps to Solving the Problem

Step 1.

先找出疑问句，找到对应关系，并划掉选项。

First，identify the interrogative sentences，find the corresponding relationships，and eliminate options.

Step 2.

按顺序解决剩下的题目，主要看主语的对应关系。

Address the remaining questions in order，focusing mainly on the correspondence of subjects.

Step 3.

再读一遍，确认两句意思比较自然。

Read through again to ensure the meanings of the two sentences flow naturally.

◆ 答题技巧 Exam Techniques

1. 题目主要为两人对话，因此先解决有"？"标志的疑问句。

Since the questions primarily involve dialogues between two people，first solve the sentences end with a question mark "？".

2. 理解其中的疑问代词。常见的疑问代词有：

Understand the interrogative pronouns used. Common interrogative pronouns include：

疑问代词 Interrogative pronoun	shéi shénme shénme shíhou nǎ nǎr zěnme zěnmeyàng wèi shénme jǐ 谁、什么、什么时候、哪、哪儿、怎么、怎么样、为什么、几、 duōshao 多少

3. 注意句子中的指代关系。常见的指代词有人称代词和指示代词：

Note the referential relationships in sentences. Common referential pronouns include personal pronouns and demonstrative pronouns：

人称代词 Personal Pronouns	tā tā tā nǐmen wǒmen tāmen tāmen tāmen dàjiā 他、她、它、你们、我们、他们、她们、它们、大家
指示代词 Demonstrative Pronouns	zhè nà zhèlǐ zhèr nàlǐ nàr nǎlǐ nǎr 这、那、这里/这儿、那里/那儿、哪里/哪儿

4. 如果句子中有指代词，我们就可以找出它们所指代的名词，从而找到对应关系或答案。

If there are pronouns in the sentences，we can identify the nouns they refer to，thereby finding the corresponding relationships or answers.

中文水平考试 HSK（二级）

全真模拟题

中文水平考试

HSK（二级）

全真模拟题 1

注　意

一、HSK（二级）分两部分：

　　1. 听力（35 题，约 25 分钟）

　　2. 阅读（25 题，22 分钟）

二、听力结束后，有 3 分钟填写答题卡。

三、全部考试约 55 分钟（含考生填写个人信息时间 5 分钟）。

中国　北京　　　　　　　　　　　XXXX/XXXXXXX　编制

HSK（二级）自测评分表
HSK Level 2 Self-assessment Score Sheet

	满分 Maximum Score	题量 Number of Questions	每题分值 Score Per Question	你答对的题数 Number of Correct Answers	你的分数 Your Score
一、听力 Listening	100	35	2.86		
二、阅读 Reading	100	25	4		
总分 Total Score （合格分 Passing Score：120）					

使用说明
Instructions

1. 填入你答对的题数

Enter the number of questions you answered correctly

2. 每题分值×你答对的题数＝你的分数

Score Per Question × Number of Correct Answers ＝ Your Score

3. 听力分数＋阅读分数＝你的总分

Listening Score ＋ Reading Score ＝ Your Total Score

一、听 力

第 一 部 分

Scan the QR code to get audio files.

第 1—10 题

例如:		✓
		✗
1.		
2.		
3.		
4.		

5.		
6.		
7.		
8.		
9.		
10.		

第 二 部 分

第 11—15 题

A

B

C

D

E

F

例如：男：你　喜欢　什么　运动？
Nǐ xǐhuan shénme yùndòng?

　　　女：我　最　喜欢　踢　足球。
Wǒ zuì xǐhuan tī zúqiú.

| D |

11. | |

12. | |

13. | |

14. | |

15. | |

第 16—20 题

A

B

C

D

E

16. ☐

17. ☐

18. ☐

19. ☐

20. ☐

第三部分

第 21—30 题

例如：男：小　王，这里有几个杯子，哪个是你的？
（Xiǎo Wáng, zhèli yǒu jǐ ge bēizi, nǎge shì nǐ de?）

女：左边那个红色的是我的。
（Zuǒbian nàge hóngsè de shì wǒ de.）

问：小　王的杯子是什么颜色的？
（Xiǎo Wáng de bēizi shì shénme yánsè de?）

A 红色 √　　　　　　B 黑色　　　　　　C 白色
（hóngsè）　　　　　（hēisè）　　　　　（báisè）

21. A 女的的姐姐　　　B 男的的同学　　　C 不认识的人
（nǚ de de jiějie）　　（nán de de tóngxué）　（bú rènshi de rén）

22. A 在公司　　　　　B 在教室　　　　　C 在上海
（zài gōngsī）　　　　（zài jiàoshì）　　　（zài Shànghǎi）

23. A 女的做饭　　　　B 去饭店吃　　　　C 买回来吃
（nǚ de zuò fàn）　　（qù fàndiàn chī）　　（mǎi huílai chī）

24. A 洗手　　　　　　B 做饭　　　　　　C 买菜
（xǐ shǒu）　　　　　（zuò fàn）　　　　　（mǎi cài）

25. A 准备考试　　　　B 玩儿电脑　　　　C 学习汉语
（zhǔnbèi kǎo shì）　（wánr diànnǎo）　　（xuéxí Hànyǔ）

26. A 问题不大　　　　B 再买新的　　　　C 不懂电脑
（wèntí bú dà）　　　（zài mǎi xīn de）　　（bù dǒng diànnǎo）

27. A 家里　　　　　　B 路上　　　　　　C 电影院
（jiā li）　　　　　　（lù shang）　　　　（diànyǐngyuàn）

28. A 篮球　　　　　　B 足球　　　　　　C 手机
（lánqiú）　　　　　（zúqiú）　　　　　（shǒujī）

29. A 睡觉　　　　　　B 吃饭　　　　　　C 上班
（shuì jiào）　　　　（chī fàn）　　　　　（shàng bān）

30. A 走着去　　　　　B 坐火车去　　　　C 坐出租车去
（zǒuzhe qù）　　　　（zuò huǒchē qù）　（zuò chūzūchē qù）

— 29 —

第四部分

第 31—35 题

Qǐng zài zhèr xiě nín de míngzi.
例如：女：请 在 这儿 写 您 的 名字。

Shì zhèr ma?
男：是 这儿 吗？

Bú shì, shì zhèr.
女：不 是，是 这儿。

Hǎo, xièxie.
男：好，谢谢。

Nán de yào xiě shénme?
问：男 的 要 写 什么？

míngzi	shíjiān	fángjiānhào
A 名字 √	B 时间	C 房间号

	jiā li	chē shang	shāngdiàn li
31. A 家里	B 车 上	C 商店 里

	míngzi	shǒujīhào	fángjiānhào
32. A 名字	B 手机号	C 房间号

	nán de	nán de de māma	nǚ de
33. A 男 的	B 男 的 的 妈妈	C 女 的

	nǚ'ér bù huílai le	ràng nán de dǎ diànhuà	tā jīntiān guò shēngrì
34. A 女儿 不 回 来 了	B 让 男 的 打 电话	C 她 今天 过 生日

	kāi chē	zuò huǒchē	zuò fēijī
35. A 开 车	B 坐 火车	C 坐 飞机

二、阅 读

第 一 部 分

第 36—40 题

A

B

C

D

E

F

Měi ge xīngqīliù, wǒ dōu qù dǎ lánqiú.
例如：每 个 星 期 六，我 都 去 打 篮球。 **D**

Wǒ měi tiān shuì qián dōu yào hē yì bēi niúnǎi.
36. 我 每 天 睡 前 都 要 喝 一 杯 牛奶。

Wánr diànnǎo shíjiān bú yào tài cháng, duì yǎnjing bù hǎo.
37. 玩儿 电脑 时间 不 要 太 长，对 眼睛 不 好。

Nǚ'ér xiàozhe duì wǒ shuō:" Māma, xièxie nǐ!"
38. 女儿 笑着 对 我 说:" 妈妈，谢谢 你!"

Tā hěn xiǎo de shíhou jiù kāishǐ xué tiào wǔ le.
39. 她 很 小 的 时候 就 开始 学 跳 舞 了。

Hěn wǎn le, tā hái zài gōngsī li gōngzuò.
40. 很 晚 了，他 还 在 公司 里 工作。

第二部分

第 41—45 题

　　　　shìqing　　　xīwàng　　　cóng　　　bǐ　　　guì　　　gàosu
A 事情　　　B 希望　　　C 从　　　D 比　　　E 贵　　　F 告诉

　　　　　Zhèr　de yángròu hěn hǎochī, dànshì yě hěn
例如：这儿 的 羊肉 很 好吃，但是 也 很 （ E ）。

　　　Zhè jiā shāngdiàn de dōngxi　　　　　　nà jiā piányi.
41. 这家 商店 的 东西 （　　） 那家 便宜。

　　　　Nǐ zěnme zhīdào jīntiān shì wǒ de shēngrì?
42. 男：你 怎么 知道 今天 是 我 的 生日？
　　　　Nǐ de péngyou Wáng Xiǎoyǔ　　　　　wǒ de.
　　女：你 的 朋友 王 小雨 （　　） 我 的。

　　　　　　Běijīng dào Shànghǎi, zuò huǒchē yào bā ge xiǎoshí.
43. （　　） 北京 到 上海，坐 火车 要 八 个 小时。

　　　Zhè jiàn　　　　　wǒ yǐjīng zhīdào le.
44. 这 件 （　　） 我 已经 知道 了。

　　　Wǒ　　　　　míngnián néng zhǎo ge hǎo gōngzuò.
45. 我 （　　） 明年 能 找 个 好 工作。

第 三 部 分

第 46—50 题

Xiànzài shì shíyī diǎn sānshí fēn, tāmen yǐjīng yóule èrshí fēnzhōng le.

例如： 现在 是 十一 点 三十 分， 他们 已经 游了 二十 分钟 了。

Tāmen shíyī diǎn shí fēn kāishǐ yóu yǒng.

★ 他们 十一 点 十 分 开始 游 泳。 （ ✓ ）

Wǒ huì tiào wǔ, dàn tiào de bù zěnmeyàng.

我 会 跳舞， 但 跳 得 不 怎么样。

Wǒ tiào de fēicháng hǎo.

★ 我 跳 得 非常 好。 （ ✗ ）

Wǒ zhǔnbèi bā yuè qù Shànghǎi lǚyóu, péngyou ràng wǒ zhùzài tā jiā li.

46. 我 准备 八 月 去 上海 旅游， 朋友 让 我 住在 她 家里。

Wǒ xiànzài zhùzài péngyou jiā li.

★ 我 现在 住在 朋友 家里。 （ ）

Bàba měi tiān dōu hěn máng, méiyǒu shíjiān hé wǒ wánr. Děng tā dào jiā de shíhou, wǒ

47. 爸爸 每 天 都 很 忙， 没有 时间 和 我 玩儿。 等 他 到家 的 时候， 我

yǐjīng shuì jiào le.

已经 睡 觉 了。

Bàba měi tiān dōu hé wǒ yìqǐ wánr.

★ 爸爸 每 天 都 和 我 一起 玩儿。 （ ）

Gōngsī li de shìqing tài duō le, měi tiān huídào jiā wǒ shénme dōu bù xiǎng zuò, jiù xiǎng

48. 公司 里的 事情 太 多 了，每 天 回到 家 我 什么 都 不 想 做，就 想

shuì jiào.

睡 觉。

Wǒ měi tiān dōu juéde hěn máng.

★ 我 每 天 都 觉得 很 忙。 （ ）

49. Xiǎohóng jiā fēicháng hǎozhǎo, wǒ qùguo hěn duō cì le, jiù zài Běijīng Fàndiàn
小红 家 非常 好找，我 去过 很 多 次 了，就 在 北京 饭店

de pángbiān.
的 旁边。

Xiǎohóng jiā zài Běijīng Fàndiàn pángbiān.
★ 小红 家 在 北京 饭店 旁边。 （ ）

50. Zhè jǐ tiān dōu zài xià yǔ, tiānqì hěn lěng, xīwàng míngtiān shì ge qíngtiān.
这 几 天 都 在 下 雨，天气 很 冷， 希望 明天 是 个 晴天。

Jīntiān shì ge qíngtiān.
★ 今天 是 个 晴天。 （ ）

— 34 —

第四部分

第 51—55 题

A
Nǐ dào nǎr le?
你 到 哪儿 了?

B
Wèntí bú dà, chī liǎng tiān yào jiù hǎo le.
问题 不大,吃 两 天 药 就 好 了。

C
Nǐ jīntiān wèi shénme méi lái shàng bān?
你 今天 为 什么 没来 上 班?

D
Wǒmen bù děng tā le, kāishǐ ba.
我们 不 等 她 了,开始 吧。

E
Tā zài nǎr ne? Nǐ kànjiàn tā le ma?
他 在 哪儿 呢? 你 看见 他 了 吗?

F
Míngtiān shì dìdì de shēng rì, nǐ xiǎng sòng tā shénme?
明天 是弟弟的 生日,你 想 送 他 什么?

例如:
Tā hái zài jiàoshì li xuéxí.
他 还 在 教室 里 学习。 | E |

51.
Wǒ shēng bìng le, jīntiān zài jiā xiūxi.
我 生 病 了,今天 在 家 休息。 | |

52.
Wǒ gěi tā mǎile yì zhī xiǎo gǒu.
我 给 他 买了 一 只 小 狗。 | |

53.
Wǒ yǐjīng dào le, Wǒ kànjiàn nǐ le, nǐ jiù zài nàr děng wǒ.
我 已经 到 了,我 看见 你 了,你 就 在 那儿 等 我。 | |

54.
Lǐ xiǎojiě hái méi dào ne. zài děngdeng ma?
李 小姐 还 没 到 呢。再 等 等 吗? | |

55.
Wǒ háizi de bìng zěnmeyàng le?
我 孩子 的 病 怎么样 了? | |

第 56—60 题

A
Wèi, qǐngwèn Wáng xiānsheng zài ma?
喂，请问 王 先生 在 吗？

B
Wǒ lái jièshào yíxià, zhè shì wǒ de dàxué tóngxué.
我 来 介绍 一下，这 是 我 的 大学 同学。

C
Nǐ juéde zhè jiàn yīfu zěnmeyàng?
你 觉得 这 件 衣服 怎么样？

D
Tā xǐhuan bāng biérén, wǒmen dōu hěn xǐhuan tā.
他 喜欢 帮 别人，我们 都 很 喜欢 他。

E
Yīnwèi nǐ zuótiān shàngwǔ méi lái.
因为 你 昨天 上午 没 来。

56.
Nǐ hǎo, wǒ jiào Lǐ Xiǎohóng, hěn gāoxìng rènshi nǐ.
你 好，我 叫 李 小红，很 高兴 认识 你。 □

57.
Tā chūqù le, nín shí fēnzhōng hòu zài dǎ ba.
他 出去 了，您 十 分钟 后 再 打 吧。 □

58.
Wǒ wèi shénme bù zhīdào zhè jiàn shì?
我 为 什么 不 知道 这 件 事？ □

59.
Nǐ chuān shénme dōu hǎokàn.
你 穿 什么 都 好看。 □

60.
Wǒ hé Lǐ Míng shì yí ge xuéxiào de, wǒmen shì hěn hǎo de péngyou.
我 和 李 明 是 一 个 学校 的，我们 是 很 好 的 朋友。 □

中文水平考试
HSK（二级）
全真模拟题 2

注　意

一、HSK（二级）分两部分：

　　1. 听力（35 题，约 25 分钟）

　　2. 阅读（25 题，22 分钟）

二、听力结束后，有 3 分钟填写答题卡。

三、全部考试约 55 分钟（含考生填写个人信息时间 5 分钟）。

中国　北京　　　　　　　　　　×××× / ××××××× 　编制

HSK（二级）自测评分表
HSK Level 2 Self-assessment Score Sheet

	满分 Maximum Score	题量 Number of Questions	每题分值 Score Per Question	你答对的题数 Number of Correct Answers	你的分数 Your Score
一、听力 Listening	100	35	2.86		
二、阅读 Reading	100	25	4		
总分 Total Score （合格分 Passing Score：120）					

使用说明
Instructions

1. 填入你答对的题数

Enter the number of questions you answered correctly

2. 每题分值×你答对的题数＝你的分数

Score Per Question × Number of Correct Answers ＝ Your Score

3. 听力分数＋阅读分数＝你的总分

Listening Score ＋ Reading Score ＝ Your Total Score

一、听　力

第一部分

第 1—10 题

例如：		✓
		✗
1.		
2.		
3.		
4.		

5.		
6.		
7.		
8.		
9.		
10.		

第 二 部 分

第 11—15 题

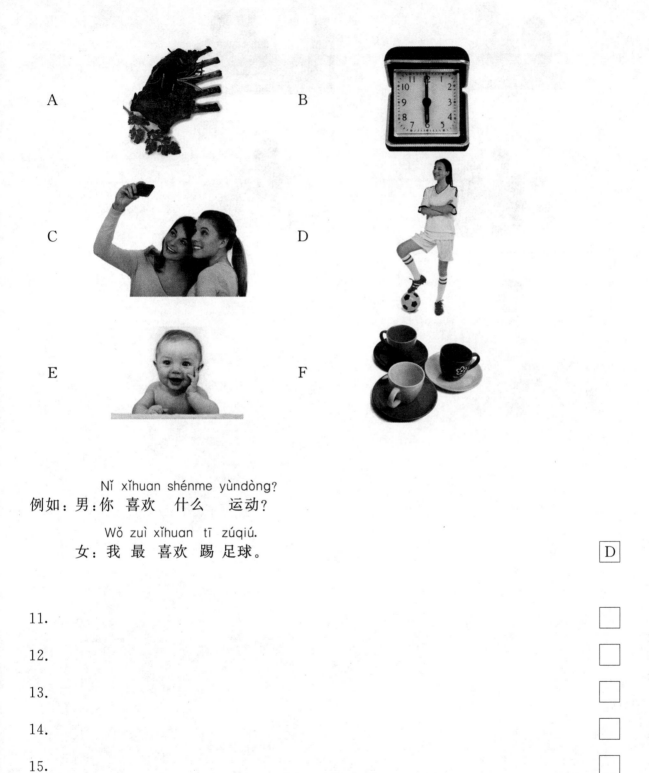

A

B

C

D

E

F

Nǐ xǐhuan shénme yùndòng?
例如：男：你 喜欢 什么 运动？

Wǒ zuì xǐhuan tī zúqiú.
女：我 最 喜欢 踢 足球。 ☐ D

11. ☐

12. ☐

13. ☐

14. ☐

15. ☐

第 16—20 题

A

B

C

D

E

16. ☐

17. ☐

18. ☐

19. ☐

20. ☐

第 三 部 分

第 21—30 题

Xiǎo Wáng, zhèli yǒu jǐ ge bēizi, nǎge shì nǐ de?
例如：男：小　王，这里 有 几 个 杯子，哪个 是 你 的？

Zuǒbian nàge hóngsè de shì wǒ de.
女：左边　那个 红色 的 是 我 的。

Xiǎo Wáng de bēizi shì shénme yánsè de?
问：小　王 的 杯子 是 什么　颜色 的？

hóngsè	hēisè	báisè
A 红色 ✓	B 黑色	C 白色

21.	tā qīzi A 他 妻子	Lǐ lǎoshī B 李 老师	Lǐ lǎoshī de qīzi C 李 老师 的 妻子
22.	zǒu lù A 走 路	kāi chē B 开 车	zuò gōnggòng qìchē C 坐　公共　汽车
23.	shǒujī zài jiā li A 手机 在 家 里	jiè yíxià shǒujī B 借 一下 手机	xiǎng mǎi xīn shǒujī C 想　买　新 手机
24.	sì suì A 四 岁	bā suì B 八 岁	shí suì C 十 岁
25.	hēisè A 黑色	báisè B 白色	hóngsè C 红色
26.	kāi chē A 开 车	zuò fēijī B 坐 飞机	zuò chūzūchē C 坐　出租车
27.	shēntǐ bù hǎo A 身体 不 好	yǎnjing hóng le B 眼睛　红 了	shuì de hěn hǎo C 睡 得 很 好
28.	gōngsī A 公司	jiàoshì li B 教室 里	fángjiān li C 房间 里
29.	tā bú qù le A 他 不 去 了	míngtiān zài qù B 明天　再 去	tā xiànzài qù C 他 现在 去
30.	jiǔ diǎn sìshí A 九 点 四十	shí diǎn shí fēn B 十 点 十 分	shí diǎn èrshí C 十 点 二十

第 四 部 分

Qǐng zài zhèr xiě nín de míngzi.
例如：女：请 在 这儿 写 您 的 名字。

Shì zhèr ma?
男：是 这儿 吗？

Bú shì, shì zhèr.
女：不 是，是 这儿。

Hǎo, xièxie.
男：好，谢谢。

Nán de yào xiě shénme?
问：男 的 要 写 什么？

míngzi   shíjiān   fángjiānhào
A 名字 √   B 时间   C 房间号

xǐ yīfu   dǎ diànhuà   huí jiā
31. A 洗 衣服   B 打 电话   C 回 家

shí diǎn èrshíwǔ   shíyī diǎn èrshíwǔ   shí'èr diǎn èrshíwǔ
32. A 十 点 二十五   B 十一 点 二十五   C 十二 点 二十五

jīntiān shàngwǔ   míngtiān shàngwǔ   míngtiān xiàwǔ
33. A 今天 上午   B 明天 上午   C 明天 下午

gōngsī tài yuǎn   gōngsī tài xiǎo   shìqing tài duō
34. A 公司 太 远   B 公司 太 小   C 事情 太 多

zhuōzi shang   chuáng shang   yǐzi shang
35. A 桌子 上   B 床 上   C 椅子 上

二、阅 读

第 一 部 分

第 36—40 题

A

B

C

D

E

F

例如： Měi ge xīngqīliù, wǒ dōu qù dǎ lánqiú.
每 个 星期六，我 都 去 打 篮球。   D

36. Tiān tài rè le, tā bú tài xiǎng chī dōngxi.
天 太 热 了，她 不 太 想 吃 东西。

37. Wǒ sònggěi māma yí ge xīn de xǐyījī.
我 送给 妈妈 一 个 新 的 洗衣机。

38. Yīshēng gàosu wǒ zhèxiē yào yì tiān chī sān cì.
医生 告诉 我 这些 药 一 天 吃 三 次。

39. Chī fàn de shíhou tāmen xǐhuan kàn diànshì.
吃 饭 的 时候 他们 喜欢 看 电视。

40. Wǒ dào jiā de shíhou, qīzi zhèngzài zuò fàn.
我 到 家 的 时候，妻子 正在 做 饭。

第 二 部 分

第 41—45 题

	pángbiān	suǒyǐ	wài	xìng	guì	děng
	A 旁边	B 所以	C 外	D 姓	E 贵	F 等

Zhèr de yángròu hěn hǎochī, dànshì yě hěn

例如：这儿 的 羊肉 很 好吃，但是 也 很（ E ）。

Tā měi tiān dōu shuì de hěn wǎn, juéde hěn lèi.

41. 他 每 天 都 睡 得 很 晚，（　　　）觉得 很 累。

Suīrán wǒ jiànguo zhège rén, dànshì bù zhīdào tā shénme.

42. 虽然 我 见过 这个 人，但是 不 知道 他（　　　）什么。

Wǒ jiā xīn kāile yì jiā kāfēidiàn.

43. 我 家（　　　）新 开了 一 家 咖啡店。

wǒ dào nàr de shíhou, fēijī yǐjīng qǐfēi le.

44. （　　　）我 到 那儿 的 时候，飞机 已经 起飞 了。

Nǐ zěnme hái méi dào?

45. 女：你 怎么 还 没 到？

Wǒ yǐjīng zài nǐ jiā mén le, kāi mén ba.

男：我 已经 在 你 家 门（　　　）了，开 门 吧。

第 三 部 分

第 46—50 题

例如：
Xiànzài shì shíyī diǎn sānshí fēn, tāmen yǐjīng yóule èrshí fēnzhōng le.
现在 是 十一 点 三十 分，他们 已经 游了 二十 分钟 了。

Tāmen shíyī diǎn shí fēn kāishǐ yóu yǒng.
★ 他们 十一 点 十 分 开始 游 泳。 （ ✓ ）

Wǒ huì tiào wǔ, dàn tiào de bù zěnmeyàng.
我 会 跳舞，但 跳 得 不 怎么样。

Wǒ tiào de fēicháng hǎo.
★ 我 跳 得 非常 好。 （ ✕ ）

46.
Wǒ de diànnǎo yǒu wèntí de shíhou, wǒ jiù qù zhǎo gēge, yīnwèi tā hěn dǒng diànnǎo.
我 的 电脑 有 问题 的 时候，我 就 去 找 哥哥，因为 他 很 懂 电脑。

Wǒ de gēge hěn dǒng diànnǎo.
★ 我 的 哥哥 很 懂 电脑。 （ ）

47.
Wǒ lái Zhōngguó yǐjīng wǔ nián le, wǒ de Hànyǔ shuō de fēicháng hǎo. Wǒ hái zhǔnbèi
我 来 中国 已经 五 年 了，我 的 汉语 说 得 非常 好。我 还 准备

míngnián zài Zhōngguó zhǎo gōngzuò.
明年 在 中国 找 工作。

Wǒ xīwàng néng zài Zhōngguó gōngzuò.
★ 我 希望 能 在 中国 工作。 （ ）

48.
Yīnwèi zǎoshang wǒ qǐ chuáng wǎn le, suǒyǐ chīwán zǎofàn hòu, māma kāi chē sòng wǒ
因为 早上 我 起 床 晚 了，所以 吃完 早饭 后，妈妈 开 车 送 我

qù xuéxiào.
去 学校。

Wǒ zǎoshang méi chī zǎofàn.
★ 我 早上 没 吃 早饭。 （ ）

Wǒ lái Zhōngguó kuài shí nián le, péngyoumen dōu shuō wǒ de Hànyǔ shuō de fēicháng hǎo.

49. 我 来 中国 快 十 年 了，朋友们 都 说 我 的 汉语 说 得 非常 好。

Wǒ de péngyou Hànyǔ shuō de hěn hǎo.

★ 我 的 朋友 汉语 说 得 很 好。 （ ）

Xiǎo Lǐ hěn ài xiào, měi tiān dōu hěn kuàilè, dàjiā fēicháng xǐhuan tā.

50. 小李 很 爱 笑，每 天 都 很 快乐，大家 非常 喜欢 她。

Dàjiā měi tiān dōu hěn kuàilè.

★ 大家 每 天 都 很 快乐。 （ ）

第四部分

第 51—55 题

A
Zhè jiā fàndiàn de yángròu hěn hǎochī.
这 家 饭店 的 羊肉 很 好吃。

B
Suīrán zuótiān de diànyǐng fēicháng hǎokàn.
虽然 昨天 的 电影 非常 好看。

C
Nǐmen shì yí ge xuéxiào de ma?
你们 是 一 个 学校 的 吗？

D
Nǐ hǎohāor xiūxi, wǒ míngtiān zài lái kàn nǐ.
你 好好儿 休息，我 明天 再 来 看 你。

E
Tā zài nǎr ne? Nǐ kànjiàn tā le ma?
他 在 哪儿 呢？你 看见 他 了 吗？

F
Fúwùyuán, wǒ de cài zěnme hái méi hǎo?
服务员，我 的 菜 怎么 还 没 好？

例如：
Tā hái zài jiàoshì li xuéxí.
他 还 在 教室 里 学习。 | E |

51.
Duìbuqǐ, wǒ bāng nín wènwen.
对不起，我 帮 您 问问。 | |

52.
Xièxie, wǒ xiànzài shēntǐ hǎo duō le.
谢谢，我 现在 身体 好 多 了。 | |

53.
Nǐ juéde zhè jiā fàndiàn de cài zěnmeyàng?
你 觉得 这 家 饭店 的 菜 怎么样？ | |

54.
Dànshì piào hěn guì.
但是 票 很 贵。 | |

55.
Shì a, Wǒmen shàng dàxué de shíhou hái zhù yí ge fángjiān ne.
是 啊，我们 上 大学 的 时候 还 住 一 个 房间 呢。 | |

A
Xièxiè, xīwàng nín xià cì zài lái!
谢谢， 希望 您 下 次 再 来！

B
Dìdi dǎ diànhuà shuō tā zhōngwǔ bù huílai le.
弟弟 打 电话 说 他 中午 不 回来 了。

C
Wǒ yǐjīng bù xiǎo le, kěyǐ bāngbang tā.
我 已经 不 小 了，可以 帮帮 她。

D
Nǐ zuǒbian de nàge rén shì shéi?
你 左边 的 那个 人 是 谁？

E
Xiānsheng, nín qù nǎr?
先生， 您 去 哪儿？

Wǒ yě bù zhīdào tā jiào shénme míngzi.
56. 我 也 不 知道 他 叫 什么 名字。☐

Wǒ qù jīchǎng, wǔshí fēnzhōng néng dào ma?
57. 我 去 机场，五十 分钟 能 到 吗？☐

Nǐmen fàndiàn de yú zuò de hěn hǎochī.
58. 你们 饭店 的鱼 做得 很 好吃。☐

Māma měi tiān shàng bān dōu hěn lèi, huílai hái yào zuò fàn.
59. 妈妈 每 天 上 班 都 很 累，回来 还 要 做 饭。☐

Tā de péngyou qǐng tā dào fàndiàn chī fàn.
60. 他 的 朋友 请 他 到 饭店 吃饭。☐

中文水平考试

HSK（二级）

全真模拟题 3

注　意

一、HSK（二级）分两部分：

　　1. 听力（35 题，约 25 分钟）

　　2. 阅读（25 题，22 分钟）

二、**听力结束后，有 3 分钟填写答题卡。**

三、全部考试约 55 分钟（含考生填写个人信息时间 5 分钟）。

中国　北京　　　　　　　　　　　XXXX／XXXXXX　编制

HSK（二级）自测评分表
HSK Level 2 Self-assessment Score Sheet

	满分 Maximum Score	题量 Number of Questions	每题分值 Score Per Question	你答对的题数 Number of Correct Answers	你的分数 Your Score
一、听力 Listening	100	35	2.86		
二、阅读 Reading	100	25	4		
总分 Total Score （合格分 Passing Score：120）					

使用说明
Instructions

1. 填入你答对的题数

Enter the number of questions you answered correctly

2. 每题分值×你答对的题数＝你的分数

Score Per Question × Number of Correct Answers ＝ Your Score

3. 听力分数＋阅读分数＝你的总分

Listening Score ＋ Reading Score ＝ Your Total Score

一、听 力

第一部分

第 1—10 题

例如:		√
		×
1.		
2.		
3.		
4.		

5.		
6.		
7.		
8.		
9.		
10.		

第 二 部 分

第 11—15 题

A

B

C

D

E

F

Nǐ xǐhuan shénme yùndòng?
例如：男：你 喜欢 什么 运动？

Wǒ zuì xǐhuan tī zúqiú.
女：我 最 喜欢 踢 足球。 D

11. ☐

12. ☐

13. ☐

14. ☐

15. ☐

第 16—20 题

A

B

C

D

E

16. ☐

17. ☐

18. ☐

19. ☐

20. ☐

第 三 部 分

第 21—30 题

例如：男： Xiǎo Wáng, zhèli yǒu jǐ ge bēizi, nǎge shì nǐ de?
小　王，这里 有 几 个 杯子，哪个 是 你 的?

女： Zuǒbian nàge hóngsè de shì wǒ de.
左边　那个 红色 的 是 我 的。

问： Xiǎo Wáng de bēizi shì shénme yánsè de?
小　王　的 杯子 是 什么　颜色 的?

A 红色 ✓ hóngsè	B 黑色 hēisè	C 白色 báisè

21. | A 学习 xuéxí | B 考试 kǎo shì | C 回家 huí jiā |

22. | A 工作 gōngzuò | B 看球 kàn qiú | C 睡觉 shuì jiào |

23. | A 喜欢 跑步 xǐhuan pǎo bù | B 不 想 出去 bù xiǎng chūqu | C 喜欢 旅游 xǐhuan lǚyóu |

24. | A 三十三 sānshísān | B 三十五 sānshíwǔ | C 三十七 sānshíqī |

25. | A 上午 十点 shàngwǔ shí diǎn | B 下午 两点 xiàwǔ liǎng diǎn | C 晚上 十点 wǎnshang shí diǎn |

26. | A 太小 tài xiǎo | B 太贵 tài guì | C 太远 tài yuǎn |

27. | A 学生 xuéshēng | B 老师 lǎoshī | C 医生 yīshēng |

28. | A 今天 下午 jīntiān xiàwǔ | B 下个 星期 xià ge xīngqī | C 星期天 xīngqītiān |

29. | A 生 病 了 shēng bìng le | B 考 得 不 好 kǎo de bù hǎo | C 睡 得 不 好 shuì de bù hǎo |

30. | A 找 工作 zhǎo gōngzuò | B 开 公司 kāi gōngsī | C 找 房子 zhǎo fángzi |

第 四 部 分

第 31—35 题

Qǐng zài zhèr xiě nín de míngzi.
例如：女：请 在 这儿 写 您 的 名字。

Shì zhèr ma?
男：是 这儿 吗？

Bú shì, shì zhèr.
女：不 是，是 这儿。

Hǎo, xièxie.
男：好，谢谢。

Nán de yào xiě shénme?
问：男 的 要 写 什么？

míngzi	shíjiān	fángjiānhào
A 名字 ✓	B 时间	C 房间号

31.
tài guì le	bù hǎochī	chī bu wán
A 太 贵 了	B 不 好吃	C 吃 不 完

32.
lǎoshī	bàba	gēge
A 老师	B 爸爸	C 哥哥

33.
hěn huì tiào wǔ	bú shì hěn gāo	fēicháng piàoliang
A 很 会 跳 舞	B 不 是 很 高	C 非常 漂亮

34.
nǚ de	nán de	nǚ de de māma
A 女 的	B 男 的	C 女 的 的 妈妈

35.
sì nián	liù nián	shí nián
A 四 年	B 六 年	C 十 年

二、阅 读

第 一 部 分

第 36—40 题

A

B

C

D

E

F

例如：
Měi ge xīngqīliù, wǒ dōu qù dǎ lánqiú.
每 个 星期六， 我 都 去 打 篮球。　　　　　　D

36.
Xià bān de shíhou, wǒ mǎile yí ge xīguā.
下 班 的 时候， 我 买 了 一 个 西瓜。

37.
Wàimiàn xià xuě le, wǒ juéde hěn lěng.
外面 下 雪 了，我 觉得 很 冷。

38.
Wǒ hěn ài yùndòng, měi tiān dōu qù pǎo bù.
我 很 爱 运动， 每 天 都 去 跑 步。

39.
Wǒ lái jièshào yíxià, zhè shì nǐmen de xīn lǎoshī.
我 来 介绍 一下，这 是 你们 的 新 老师。

40.
Péngyou shēngrì nà tiān wǒ sònggěi tā yí ge shǒujī.
朋友 生日 那 天 我 送给 他 一 个 手机。

第 二 部 分

第 41—45 题

	yìqǐ		huǒchē		fángjiān		zhī		guì		ràng
A	一起	B	火车	C	房间	D	只	E	贵	F	让

Zhèr de yángròu hěn hǎochī, dànshì yě hěn

例如：这儿 的 羊肉 很 好吃，但是 也 很 （ E ）。

Jīntiān hěn lěng, māma　　　　　wǒ duō chuān jiàn yīfu.

41. 今天 很 冷，妈妈 （　　　） 我 多 穿 件 衣服。

Nǐ kàn, zhè　　　　　xiǎomāo zhèngzài chī bàozhǐ.

42. 你看，这 （　　　） 小猫 正在 吃 报纸。

Wǒ qù lǚyóu de shíhou, hěn xǐhuan zuò　　　　　.

43. 我 去 旅游 的 时候，很 喜欢 坐 （　　　）。

Duìbuqǐ, wǒ míngtiān bù néng hé nǐ　　　　　qù chàng gē le.

44. 对不起，我 明天 不 能 和 你 （　　　） 去 唱 歌 了。

Hěn gāoxìng nǐ lái wǒ jiā wánr!

45. 女：很 高兴 你来我家玩儿！

Nǐ de　　　　　hěn piàoliang a.

男：你的 （　　　） 很 漂亮 啊。

第 三 部 分

第 46—50 题

例如：

Xiànzài shì shíyī diǎn sānshí fēn, tāmen yǐjīng yóule èrshí fēnzhōng le.
现在 是 十一 点 三十 分，他们 已经 游了 二十 分钟 了。

Tāmen shíyī diǎn shí fēn kāishǐ yóu yǒng.
★ 他们 十一 点 十 分 开始 游 泳。 　　　　　　　　　（ √ ）

Wǒ huì tiào wǔ, dàn tiào de bù zěnmeyàng.
我 会 跳 舞，但 跳 得 不 怎么样。

Wǒ tiào de fēicháng hǎo.
★ 我 跳 得 非常 好。 　　　　　　　　　　　　　　　（ × ）

Lǐ lǎoshī shuō de tài kuài le，wǒ méi tīngdǒng tā shuō de huà，wǒ hái yào zài wènwen tā.
46. 李 老师 说 得 太 快 了，我 没 听懂 他 说 的 话，我 还 要 再 问问 他。

Lǐ lǎoshī méi tīngdǒng wǒ de huà.
★ 李 老师 没 听懂 我 的 话。 　　　　　　　　　　　（　　）

Mèimei kāishǐ gōngzuò le，tā zhǎodàole yí ge lí gōngsī hěn jìn de fángzi，dànshì tài
47. 妹妹 开始 工作 了，她 找到了 一 个 离 公司 很 近 的 房子，但是 太

guì le.
贵 了。

Mèimei zhǎodàole yí ge piányi de fángzi.
★ 妹妹 找到了 一 个 便宜 的 房子。 　　　　　　　（　　）

Tā jiā lí xuéxiào hěn jìn，zǒu lù wǔ fēnzhōng jiù dào le，suǒyǐ tā měi tiān dōu lái de
48. 他 家 离 学校 很 近，走 路 五 分钟 就 到 了，所以 他 每 天 都 来 得

hěn zǎo.
很 早。

Tā měi tiān wǔ diǎn zhōng jiù dào xuéxiào le.
★ 他 每 天 五 点 钟 就 到 学校 了。 　　　　　　　（　　）

— 61 —

Xīngqītiān wǒ yào qù shāngdiàn gěi érzi mǎi yīfu, yīnwèi tā qùnián de yīfu dōu xiǎo le.
49. 星期天 我 要 去 商店 给 儿子 买 衣服，因为 他 去年 的 衣服 都 小 了。

Érzi qùnián de yīfu bù néng chuān le.
★ 儿子 去年 的 衣服 不 能 穿 了。 (   )

Xiàwǔ péngyou dǎlai diànhuà, ràng wǒ hé wǒ zhàngfu wǎnshang qù tā jiā chī fàn.
50. 下午 朋友 打来 电话， 让 我 和 我 丈夫 晚上 去 她 家 吃 饭。

Wǎnshang péngyou qǐng wǒmen chī fàn.
★ 晚上 朋友 请 我们 吃 饭。 (   )

第 四 部 分

Wǒ zài shuì shí fēnzhōng.
A 我 再 睡 十 分钟。

Búcuò, néng bāng wǒ sòngdào jiā ma?
B 不错，能 帮 我 送到 家 吗？

Duì, xiě de fēicháng hǎo.
C 对，写 得 非常 好。

Tā tiào wǔ yě tiào de fēicháng hǎo.
D 她 跳 舞 也 跳 得 非常 好。

Tā zài nǎr ne? Nǐ kànjiàn tā le ma?
E 他 在 哪儿 呢？你 看见 他 了 吗？

Nǐ kàn mén shang xiě de shì shénme?
F 你 看 门 上 写 的 是 什么？

Tā hái zài jiàoshì li xuéxí.
例如：他 还 在 教室 里 学习。   E

Lǎoshī, zhège zì duì ma?
51. 老师，这个 字 对 吗？ ☐

Xiě de shì "Xiūxi shíjiān qǐng búyào shuō huà".
52. 写 的 是 "休息 时间 请 不要 说 话"。 ☐

Xiǎohóng chàng gē zhēn hǎotīng.
53. 小红 唱 歌 真 好听。 ☐

Yǐjīng jiǔ diǎn le, kuài qǐ chuáng.
54. 已经 九 点 了，快 起 床。 ☐

Xiānsheng, nín juéde zhège zhuōzi zěnmeyàng?
55. 先生，您 觉得 这个 桌子 怎么样？ ☐

A
Zhè shì shéi de shǒujīhào? Wǒ zěnme méi jiànguo.
这 是 谁 的 手机号？ 我 怎么 没 见过。

B
Méi guānxi, nǐ mànmānr kāi.
没 关系， 你 慢慢儿 开。

C
Wǒ shēng bìng le，bù xiǎng qù le，nǐmen chī ba.
我 生 病 了， 不 想 去 了， 你们 吃 吧。

D
Zhāng Xuě yào chū guó le.
张 雪 要 出 国 了。

E
Méi rén gàosu nǐ ma? Lǎoshī yǒu shì bù lái le.
没 人 告诉 你 吗？ 老师 有 事 不 来 了。

56.
Yǐjīng bā diǎn wǔshí le，zěnme hái bù kāishǐ shàng kè?
已经 八 点 五十 了， 怎么 还 不 开始 上 课？ □

57.
Nǐ kuài lái ba，wǒmen dōu zài fàndiàn děng nǐ.
你 快 来 吧， 我们 都 在 饭店 等 你。 □

58.
Bù zhīdào，kěnéng dǎcuò le.
不 知道， 可能 打错 了。 □

59.
Lù shang chē tài duō，wǒ kěnéng wǎn diǎnr dào.
路 上 车 太 多， 我 可能 晚 点儿 到。 □

60.
Wǒ míngtiān kāi chē sòng tā qù jīchǎng.
我 明天 开车 送 她 去 机场。 □

中文水平考试

HSK（二级）

全真模拟题 4

注　　意

一、HSK（二级）分两部分：

　　1. 听力（35题，约25分钟）

　　2. 阅读（25题，22分钟）

二、听力结束后，有3分钟填写答题卡。

三、全部考试约55分钟（含考生填写个人信息时间5分钟）。

中国　北京　　　　　　　　　　XXXX/XXXXXXX　编制

HSK（二级）自测评分表
HSK Level 2 Self-assessment Score Sheet

	满分 Maximum Score	题量 Number of Questions	每题分值 Score Per Question	你答对的题数 Number of Correct Answers	你的分数 Your Score
一、听力 Listening	100	35	2.86		
二、阅读 Reading	100	25	4		
总分 Total Score （合格分 Passing Score：120）					

使用说明
Instructions

1．填入你答对的题数

Enter the number of questions you answered correctly

2．每题分值×你答对的题数＝你的分数

Score Per Question × Number of Correct Answers ＝ Your Score

3．听力分数＋阅读分数＝你的总分

Listening Score ＋ Reading Score ＝ Your Total Score

一、听　力

第 一 部 分

第 1—10 题

例如：		√
		×
1.		
2.		
3.		
4.		

— 67 —

5.		
6.		
7.		
8.		
9.		
10.		

第 二 部 分

第 11—15 题

A

B

C

D

E

F

Nǐ xǐhuan shénme yùndòng?
例如：男：你 喜欢 什么 运动？

Wǒ zuì xǐhuan tī zúqiú.
女：我 最 喜欢 踢 足球。　　　　D

11.　　　　　□

12.　　　　　□

13.　　　　　□

14.　　　　　□

15.　　　　　□

第 16—20 题

A

B

C

D

E

16.

17.

18.

19.

20.

第 三 部 分

第 21—30 题

Xiǎo Wáng, zhèli yǒu jǐ ge bēizi, nǎge shì nǐ de?
例如：男：小　王，这里　有　几　个　杯子，哪个　是　你　的？

Zuǒbian nàge hóngsè de shì wǒ de.
女：左边　那个　红色　的　是　我　的。

Xiǎo Wáng de bēizi shì shénme yánsè de?
问：小　王　的　杯子　是　什么　颜色　的？

hóngsè	hēisè	báisè
A 红色 √	B 黑色	C 白色

21.
méi xuéguo	bú huì xiě	bú huì dú
A 没　学过	B 不　会　写	C 不　会　读

22.
gōngsī	fàndiàn	jiā li
A 公司	B 饭店	C 家　里

23.
tài xiǎo le	bù hǎokàn	tài dà le
A 太　小　了	B 不　好看	C 太　大　了

24.
méi tīngguo	hěn xǐhuan	bù hǎotīng
A 没　听过	B 很　喜欢	C 不　好听

25.
kǎo shì	xuéxí	kàn diànyǐng
A 考试	B 学习	C 看　电影

26.
jiā li	yīyuàn li	gōngsī li
A 家　里	B 医院　里	C 公司　里

27.
chuáng shang	yǐzi shang	xǐyījī li
A 床　上	B 椅子　上	C 洗衣机　里

28.
tā zhàngfu	tā tóngxué	tā gēge
A 她　丈夫	B 她　同学	C 她　哥哥

29.
shàng xué shí	gōngzuò hòu	jièshào hòu
A 上　学　时	B 工作　后	C 介绍　后

30.
hái méi zuò	zuòhǎo le	zhèngzài zuò
A 还　没　做	B 做好　了	C 正在　做

第 四 部 分

第 31—35 题

Qǐng zài zhèr xiě nín de míngzi.
例如：女：请 在 这儿 写 您 的 名字。

Shì zhèr ma?
男：是 这儿 吗？

Bú shì, shì zhèr.
女：不 是，是 这儿。

Hǎo, xièxie.
男：好，谢谢。

Nán de yào xiě shénme?
问：男 的 要 写 什么？

míngzi	shíjiān	fángjiānhào
A 名字 √	B 时间	C 房间号

31.
yīyuàn	huǒchēzhàn	chūzūchē li
A 医院	B 火车站	C 出租车 里

32.
shēng bìng le	zhǎo fángzi	jiā li yǒu shì
A 生 病 了	B 找 房子	C 家 里 有 事

33.
méi zhǎodào	hěn hǎo zhǎo	bù xiǎng qù
A 没 找到	B 很 好 找	C 不 想 去

34.
tiānqì bú tài hǎo	huǒchēpiào piányi	méi mǎidào jīpiào
A 天气 不 太 好	B 火车票 便宜	C 没 买到 机票

35.
tài piányi	yánsè bù hǎo	bú shì xīn de
A 太 便宜	B 颜色 不 好	C 不 是 新 的

二、阅 读

第 一 部 分

第 36—40 题

A

B

C

D

E

F

Měi ge xīngqīliù, wǒ dōu qù dǎ lánqiú.
例如： 每 个 星期六，我 都 去 打 篮球。　　　D

Kāi chē de shíhou bié dǎ diànhuà.
36. 开 车 的 时候 别 打 电话。

Tā měi tiān dōu qù pǎo bù, suǒyǐ shēntǐ hěn hǎo.
37. 她 每 天 都 去 跑步，所以 身体 很 好。

Tā fēicháng xǐhuan dú shū.
38. 她 非常 喜欢 读书。

Yǐjīng hěn wǎn le, gēge hái méiyǒu shuì.
39. 已经 很 晚 了，哥哥 还 没有 睡。

Zhè jiā shāngdiàn de yǐzi hěn piányi, wǒ xiǎng duō mǎi jǐ ge.
40. 这家 商店 的 椅子 很 便宜，我 想 多 买 几 个。

第 二 部 分

第 41—45 题

	duì	jiàn	dǒng	lí	guì	jīdàn
	A 对	B 件	C 懂	D 离	E 贵	F 鸡蛋

Zhèr de yángròu hěn hǎochī, dànshì yě hěn
例如：这儿 的 羊肉 很 好吃，但是 也 很（ E ）。

Zhè shì nǐ bié gàosu tā, tā huì bù gāoxìng de.
41. 这 （ ） 事 你 别 告诉 她，她 会 不 高兴 的。

Nǐ chīguo zǎofàn le ma?
42. 男：你 吃过 早饭 了 吗？

Chīguo le, wǒ chīle liǎng ge
女：吃过 了，我 吃了 两 个 （ ）。

Shuì de tài wǎn shēntǐ bù hǎo.
43. 睡 得 太 晚 （ ） 身体 不 好。

Tā jiā xuéxiào fēicháng jìn, suǒyǐ tā měi tiān dōu lái de hěn zǎo.
44. 他家 （ ） 学校 非常 近，所以 他 每 天 都 来 得 很 早。

Wǒ tīng bu nǐ zài shuō shénme, nǐ mànmānr shuō.
45. 我 听 不 （ ） 你 在 说 什么，你 慢慢儿 说。

第 三 部 分

第 46—50 题

例如：
Xiànzài shì shíyī diǎn sānshí fēn, tāmen yǐjīng yóule èrshí fēnzhōng le.
现在 是 十一 点 三十 分，他们 已经 游了 二十 分钟 了。

Tāmen shíyī diǎn shí fēn kāishǐ yóu yǒng.
★ 他们 十一 点 十 分 开始 游 泳。 (√)

Wǒ huì tiào wǔ, dàn tiào de bù zěnmeyàng.
我 会 跳 舞，但 跳 得 不 怎么样。

Wǒ tiào de fēicháng hǎo.
★ 我 跳 得 非常 好。 (×)

Jīntiān zhōngwǔ tiānqì yǒuxiē yīn, wǎnshang kěnéng yào xià xuě.
46. 今天 中午 天气 有些 阴，晚上 可能 要 下 雪。

Jīntiān zhōngwǔ xià xuě le.
★ 今天 中午 下 雪 了。 ( )

Mèimei shì yí ge hěn ài xiào de rén, dàn jīntiān huí jiā de shíhou tā hěn bù gāoxìng.
47. 妹妹 是 一个 很 爱 笑 的 人，但 今天 回家 的 时候 她 很 不 高兴。

Mèimei bù xǐhuan xiào.
★ 妹妹 不 喜欢 笑。 ( )

Sān nián qián wǒ de zhōngxué tóngxué gěi wǒ jièshàole yí ge nánpéngyou, tā xiànzài yǐjīng
48. 三 年 前 我 的 中学 同学 给 我 介绍了 一 个 男朋友，他 现在 已经

shì wǒ de zhàngfu le.
是 我 的 丈夫 了。

Wǒ de zhàngfu shì wǒ de zhōngxué tóngxué.
★ 我 的 丈夫 是 我 的 中学 同学。 ( )

49. Wàimiàn yǔ xià de hěn dà, gōnggòng qìchē yě bù hǎo děng, suǒyǐ wǒ jiù zuò chūzūchē lái

外面 雨 下 得 很 大， 公共 汽车 也 不 好 等，所以 我 就 坐 出租车 来

gōngsī le.

公司 了。

Wǒ zuò chūzūchē qù shàng bān.

★ 我 坐 出租车 去 上 班。 （　　）

50. Wǒ xiànzài hé tóngxué zhùzài yìqǐ, wǒ de fángjiān tài xiǎo le, wǒ hěn xiǎng zhǎo yí ge dà

我 现在 和 同学 住在 一起，我 的 房间 太 小 了，我 很 想 找 一个 大

yìxiē de fángzi, yí ge rén zhù.

一些 的 房子，一 个 人 住。

Wǒ xīwàng yí ge rén zhù.

★ 我 希望 一个 人 住。 （　　）

第四部分

第 51—55 题

A
Nín hǎo! Wǒ xiǎng qù Běijīng Dàxué, qǐngwèn zěnme zǒu?
您 好！我 想 去 北京 大学，请问 怎么 走？

B
Wǒ de shǒujī méi diàn le.
我 的 手机 没 电 了。

C
Tā de Hànyǔ shuō de zěnme nàme hǎo?
他 的 汉语 说 得 怎么 那么 好？

D
Duìbuqǐ, wǒ bù zhīdào nǐ zài shuì jiào.
对不起，我 不 知道 你 在 睡 觉。

E
Tā zài nǎr ne? Nǐ kànjiàn tā le ma?
他 在 哪儿 呢？你 看见 他 了 吗？

F
Wǒ juéde Wáng Yǔ zhǎo de nàge gōngsī tài xiǎo le.
我 觉得 王 雨 找 的 那个 公司 太 小 了。

Tā hái zài jiàoshì li xuéxí.
例如：他 还 在 教室 里 学习。 | E |

Dànshì tā hěn xǐhuan zài nàr gōngzuò.
51. 但是 她 很 喜欢 在 那儿 工作。 | |

Nǐ hái bù zhīdào ba? Tā qīzi shì Zhōngguórén.
52. 你 还 不 知道 吧？他 妻子 是 中国人。 | |

Nǐ méi kàn shǒujī ma? zǎoshang Wáng lǎoshī zhǎo nǐ le.
53. 你 没 看 手机 吗？早上 王 老师 找 你 了。 | |

Wǎng qián zǒu, dàole lùkǒu wǎng yòu zǒu.
54. 往 前 走，到了 路口 往 右 走。 | |

Méi guānxi, wǒ yǐjīng xǐng le.
55. 没 关系，我 已经 醒 了。 | |

Nàge fángjiān zhù de shì shéi? Nǐ rènshi ma?
A 那个 房间 住 的 是 谁？你 认识 吗？

Bú tài kěnéng a, nǐ kàncuò le ba? Tā zuótiān bú shì qù Shànghǎi le ma?
B 不太 可能 啊，你 看错 了吧？她 昨天 不是 去 上海 了 吗？

Xuéxiào pángbiān kāile yí ge xīn de kāfēiguǎnr.
C 学校 旁边 开了 一个 新 的 咖啡馆儿。

Méi shíjiān le, wǒ yào zǒu le.
D 没 时间 了，我 要 走 了。

Tóngxué, nǐ zhīdào Hànyǔkè zài nǎge jiàoshì shàng ma?
E 同学， 你 知道 汉语课 在 哪个 教室 上 吗？

Wǒ hé péngyoumen dōu hěn xǐhuan qù nàr hē kā fēi
56. 我 和 朋友们 都 很 喜欢 去 那儿 喝 咖啡。 □

Rènshi, tā shì wǒmen gōngsī de, bǐ wǒ zǎo yì nián gōngzuò.
57. 认识，他 是 我们 公司 的，比 我 早 一 年 工作。 □

Wǒ zài huǒchēzhàn kànjiàn Lǐ xiǎojiě le.
58. 我 在 火车站 看见 李 小姐 了。 □

Duìbuqǐ, wǒ yě bù zhīdào, wǒ bú shì zhège xuéxiào de.
59. 对不起，我 也 不 知道，我 不 是 这个 学校 的。 □

Chīle fàn zài qù ba, hái yǒu sìshí fēnzhōng ne.
60. 吃了 饭 再 去 吧，还 有 四十 分钟 呢。 □

中文水平考试

HSK（二级）

全真模拟题 5

注　　意

一、HSK（二级）分两部分：

　　1. 听力（35 题，约 25 分钟）

　　2. 阅读（25 题，22 分钟）

二、**听力结束后，有 3 分钟填写答题卡。**

三、全部考试约 55 分钟（含考生填写个人信息时间 5 分钟）。

中国　北京　　　　　　　　　　　XXXX/XXXXXXX　编制

HSK（二级）自测评分表
HSK Level 2 Self-assessment Score Sheet

	满分 Maximum Score	题量 Number of Questions	每题分值 Score Per Question	你答对的题数 Number of Correct Answers	你的分数 Your Score
一、听力 Listening	100	35	2.86		
二、阅读 Reading	100	25	4		
总分 Total Score （合格分 Passing Score：120）					

使用说明
Instructions

1. 填入你答对的题数

Enter the number of questions you answered correctly

2. 每题分值×你答对的题数＝你的分数

Score Per Question × Number of Correct Answers ＝ Your Score

3. 听力分数＋阅读分数＝你的总分

Listening Score ＋ Reading Score ＝ Your Total Score

一、听　力

第 一 部 分

Scan the QR code to get audio files.

第 1—10 题

例如：		✓
		✗
1.		
2.		
3.		
4.		

5.		
6.		
7.		
8.		
9.		
10.		

第 二 部 分

第 11—15 题

A

B

C

D

E

F

例如：男：你 喜欢 什么 运动？

女：我 最 喜欢 踢 足球。

D

11.

12.

13.

14.

15.

第 16—20 题

A

B

C

D

E

16.

17.

18.

19.

20.

第 三 部 分

第 21—30 题

例如：
男：
Xiǎo Wáng, zhèli yǒu jǐ ge bēizi, nǎge shì nǐ de?
小 王，这里 有 几 个 杯子，哪个 是 你 的？

女：
Zuǒbian nàge hóngsè de shì wǒ de.
左边 那个 红色 的 是 我 的。

问：
Xiǎo Wáng de bēizi shì shénme yánsè de?
小 王 的 杯子 是 什么 颜色 的？

| hóngsè | hēisè | báisè |
| A 红色 √ | B 黑色 | C 白色 |

21.
| méi xià bān | zài děng rén | bù xiǎng huí |
| A 没 下 班 | B 在 等 人 | C 不 想 回 |

22.
| mǎi piào | shuì jiào | zhǎo shū |
| A 买 票 | B 睡 觉 | C 找 书 |

23.
| fēicháng hǎochī | xiǎng qù fàndiàn | bù zěnmeyàng |
| A 非常 好吃 | B 想 去 饭店 | C 不 怎么样 |

24.
| méi kǎohǎo | tài máng le | hěn kuàilè |
| A 没 考好 | B 太 忙 了 | C 很 快乐 |

25.
| méiyǒu Lǐ Míng | bú rènshi Lǐ Míng | yǒu liǎng ge Lǐ Míng |
| A 没有 李明 | B 不 认识 李 明 | C 有 两 个 李 明 |

26.
| tài lèi le | shēng bìng le | tiānqì rè |
| A 太 累 了 | B 生 病 了 | C 天气 热 |

27.
| tài dà le | qián tài shǎo | bù hǎokàn |
| A 太 大 了 | B 钱 太 少 | C 不 好看 |

28.
| nán de | Lǐ xiǎojiě | Zhāng xiānsheng |
| A 男 的 | B 李 小姐 | C 张 先生 |

29.
| liù diǎn wǔshíwǔ | qī diǎn èrshíwǔ | qī diǎn sìshíwǔ |
| A 六 点 五十五 | B 七 点 二十五 | C 七 点 四十五 |

30.
| shàngwǔ shí diǎn | xiàwǔ sān diǎn | wǎnshang bā diǎn |
| A 上午 十 点 | B 下午 三 点 | C 晚上 八 点 |

第 四 部 分

第 31—35 题

例如：女：Qǐng zài zhèr xiě nín de míngzi.
请 在 这儿 写 您 的 名字。

男：Shì zhèr ma?
是 这儿 吗？

女：Bú shì, shì zhèr.
不 是，是 这儿。

男：Hǎo, xièxie.
好，谢谢。

问：Nán de yào xiě shénme?
男 的 要 写 什么？

A míngzi 名字 √   B shíjiān 时间   C fángjiānhào 房间号

31. A fàndiàn 饭店   B shāngdiàn 商店   C yīyuàn 医院

32. A míngzi 名字   B fángjiānhào 房间号   C shǒujīhào 手机号

33. A bīnguǎn 宾馆   B jiàoshì 教室   C gōngsī 公司

34. A zhǎo rén 找 人   B zhǎo gōngzuò 找 工作   C děng péngyou 等 朋友

35. A chī fàn 吃饭   B shàng bān 上 班   C kàn bàozhǐ 看 报纸

二、阅 读

第 一 部 分

第 36—40 题

A

B

C

D

E

F

例如：
Měi ge xīngqīliù, wǒ dōu qù dǎ lánqiú.
每 个 星期六，我 都 去 打 篮球。　　　　　D

36.
Jiějie shēngrì nà tiān wǒ sòngle yì běn shū gěi tā.
姐姐 生日 那 天 我 送 了 一 本 书 给 她。　　　□

37.
Bié wánr diànnǎo le, duì yǎnjing bù hǎo.
别 玩儿 电脑 了，对 眼睛 不 好。　　　□

38.
Chī fàn qián yào xǐ shǒu, zhīdào ma?
吃 饭 前 要 洗 手，知道 吗?　　　□

39.
Wǒ nǚ'ér jīntiān kǎo shì kǎo de hěnhǎo, suǒyǐ tā fēicháng gāoxìng.
我 女儿 今天 考 试 考 得 很好，所以 她 非常 高兴。　　　□

40.
Zài huí jiā de lù shang, wǒ mǎile yìxiē shuǐguǒ.
在 回 家 的 路 上，我 买 了 一些 水果。　　　□

第 二 部 分

第 41—45 题

	wán	zhe	jīpiào	zuì	guì	hēi
	A 完	B 着	C 机票	D 最	E 贵	F 黑

Zhèr de yángròu hěn hǎochī，dànshì yě hěn
例如：这儿 的 羊肉 很 好吃，但是 也 很（ E ）。

Zhè shì wǒ tīngguo de　　　　　hǎotīng de gē.
41. 这 是 我 听过 的 （　　　）好听 的 歌。

Cóng Běijīng dào Shànghǎi de　　　　duōshaoqián?
42. 从 北京 到 上海 的 （　　　）多少 钱？

Wǒ yí ge rén chī bu　　　　yìqǐ chī ba.
43. 我 一 个 人 吃 不 （　　　），一起 吃 吧。

Nǐ juéde zhè jiàn　　　sè de yīfu zěnmeyàng?
44. 你 觉得 这 件 （　　　）色 的 衣服 怎么样？

Wàimiàn xià　　　yǔ ne, zěnme qù?
45. 女：外面 下 （　　　）雨 呢，怎么 去？

Wǒmen kěyǐ zuò chūzūchē qù a.
男：我们 可以 坐 出租车 去 啊。

第 三 部 分

第 46—50 题

例如：
Xiànzài shì shíyī diǎn sānshí fēn, tāmen yǐjīng yóule èrshí fēnzhōng le.
现在 是 十一 点 三十 分，他们 已经 游了 二十 分钟 了。

Tāmen shíyī diǎn shí fēn kāishǐ yóu yǒng.
★ 他们 十一 点 十 分 开始 游 泳。 (√)

Wǒ huì tiào wǔ, dàn tiào de bù zěnmeyàng.
我 会 跳 舞，但 跳 得 不 怎么样。

Wǒ tiào de fēicháng hǎo.
★ 我 跳 得 非常 好。 (×)

Suīrán tā jīnnián yǐjīng 80 suì le, dànshì shēntǐ fēicháng hǎo.
46. 虽然 他 今年 已经 80 岁 了，但是 身体 非常 好。

Tā shēntǐ bú tài hǎo.
★ 他 身体 不 太 好。 ( )

Nàge nǚháir shì wǒ mèimei de tóngxué, yǎnjing hěn dà, hěn piàoliang.
47. 那个 女孩儿 是 我 妹妹 的 同学， 眼睛 很 大，很 漂亮。

Wǒ mèimei yǎnjing hěn dà.
★ 我 妹妹 眼睛 很 大。 ( )

Yīnwèi jīntiān yǒu kǎoshì, suǒyǐ wǒ zuótiān shuì de hěn wǎn, jīntiān zǎoshang wǒ hěn bù
48. 因为 今天 有 考试，所以 我 昨天 睡 得 很 晚，今天 早上 我 很 不

xiǎng qǐ chuáng.
想 起 床。

Wǒ jīntiān zǎoshang qǐ de hěn wǎn.
★ 我 今天 早上 起 得 很 晚。 ( )

Nǐ shuō de nà jiā fàndiàn zài nǎr? Wǒ wènle hěn duō rén，tāmen dōu shuō bù zhīdào.
49. 你 说 的 那 家 饭店 在 哪儿？我 问了 很 多 人，他们 都 说 不 知道。

Wǒ méiyǒu zhǎodào nà jiā fàndiàn.
★ 我 没有 找到 那 家 饭店。   （   ）

Wǒ rènshi zhège rén，tā hé wǒ zài yí ge gōngsī gōngzuò，dàn wǒ bù zhīdào tā jiào
50. 我 认识 这个 人，他 和 我 在 一 个 公司 工作，但 我 不 知道 他 叫

shénme míngzi.
什么 名字。

Tā shì wǒmen gōngsī de.
★ 他 是 我们 公司 的。   （   ）

第四部分

第 51—55 题

A
Hěn cháng shíjiān méiyǒu jiàndào nǐ le, nǐ qù nǎr wánr le?
很 长 时间 没有 见到 你 了，你 去 哪儿 玩儿 了？

B
Nǐ zuò de cài zhēn hǎochī, hái yǒu mǐfàn ma?
你 做 的 菜 真 好吃，还 有 米饭 吗？

C
Zhè jiàn shì hěn duō rén dōu zhīdào le.
这 件 事 很 多 人 都 知道 了。

D
Míngtiān yìqǐ qù yóu yǒng zěnmeyàng?
明天 一起 去 游 泳 怎么样？

E
Tā zài nǎr ne? Nǐ kànjiàn tā le ma?
他 在 哪儿 呢？你 看见 他 了 吗？

F
Jīdàn shì shénme shíhou mǎi de?
鸡蛋 是 什么 时候 买 的？

Tā hái zài jiàoshì li xuéxí.
例如：他 还 在 教室 里 学习。　　　　　　　　　　　E

Duìbuqǐ, wǒ míngtiān jiā li yǒu shì.
51. 对不起，我 明天 家 里 有 事。　　　　　　　☐

Ràng wǒ xiǎngxiang, yí ge xīngqī qián mǎi de ba.
52. 让 我 想想，一个 星期 前 买 的 吧。　　☐

Hái yǒu hěn duō, nǐ mànmānr chī.
53. 还 有 很 多，你 慢慢儿 吃。　　　　　　　☐

Wǒ qù Běijīng lǚyóu le.
54. 我 去 北京 旅游 了。　　　　　　　　　☐

wǒ hái bù zhīdào, Nǐ zěnme bú gàosu wǒ ne?
55. 我 还 不 知道，你 怎么 不 告诉 我 呢？　☐

— 91 —

Tài wǎn le, xià cì zài qù nǐ jiā ba.
A　太 晚 了，下 次 再 去 你 家 吧。

Duì, nǐ hái sòngle wǒ yí kuàir shǒubiǎo.
B　对，你 还 送 了 我 一 块儿 手表。

Dàjiā dōu chàng le, nǐ yě chàng yí ge ba.
C　大家 都 唱 了，你 也 唱 一 个 吧。

Xiàwǔ yǒu rén zhǎoguo wǒ ma?
D　下午 有 人 找过 我 吗？

Fàncài dōu zài zhuō shang, wǒ qù shàng bān le.
E　饭菜 都 在 桌 上，我 去 上 班 了。

Wǒ bú huì, wǒ tiào ge wǔ zěnmeyàng?
56.　我 不 会，我 跳 个 舞 怎么样？ ☐

Zhīdào le, nǐ wǎnshang zǎo diǎnr huílai.
57.　知道 了，你 晚上 早 点儿 回来。 ☐

Xièxie nǐ sòng wǒ huí jiā, dào wǒ jiā hē bēi chá ba.
58.　谢谢 你 送 我 回家，到 我 家 喝 杯 茶 吧。 ☐

Nǐ bú rènshi wǒ le? Nǐ shēngrì de shíhou wǒ hái qùguo nǐ jiā ne.
59.　你 不 认识 我 了？你 生日 的 时候 我 还 去过 你 家 呢。 ☐

Liǎng diǎn èrshí de shíhou, yǒu ge nán de dǎ diànhuà wèn nǐ qù nǎr le.
60.　两 点 二十 的 时候，有 个 男 的 打 电话 问 你 去 哪儿 了。 ☐

中文水平考试 HSK（二级）全真模拟题

听力材料

中文水平考试 HSK (二级) 全真模拟题 1 听力材料

(音乐，30秒，渐弱)

Dàjiā hǎo! Huānyíng cānjiā HSK   èrjí   kǎoshì.
大家 好！ 欢迎 参加 HSK（二级）考试。
Dàjiā hǎo! Huānyíng cānjiā HSK   èrjí   kǎoshì.
大家 好！ 欢迎 参加 HSK（二级）考试。
Dàjiā hǎo! Huānyíng cānjiā HSK   èrjí   kǎoshì.
大家 好！ 欢迎 参加 HSK（二级）考试。

 HSK   èrjí   tīnglì kǎoshì fēn sì bùfen, gòng 35 tí.
 HSK（二级）听力 考试 分 四 部分， 共 35题。
Qǐng dàjiā zhùyì, tīnglì kǎoshì xiànzài kāishǐ.
 请 大家 注意，听力 考试 现在 开始。

Dì-yī bùfen
第一 部分

Yígòng 10 ge tí， měi tí tīng liǎng cì.
一共 10个 题，每 题 听 两 次。

Lìrú： Wǒmen jiā yǒu sān ge rén.
例如： 我们 家 有 三 个 人。

       Wǒ měi tiān zuò gōnggòng qìchē qù shàng bān.
       我 每 天 坐 公共 汽车 去 上 班。

Xiànzài kāishǐ dì 1 tí：
 现在 开始 第 1题：

   Xià xuě le, zhēn piàoliang.
1. 下 雪 了，真 漂亮。
   Xiànzài kāishǐ shàng kè.
2. 现在 开始 上 课。
   Kàn zhèr, xiào yi xiào.
3. 看 这儿，笑 一 笑。
   Tā zhèngzài chàng gē ne.
4. 她 正在 唱 歌 呢。
   Yǐjīng shí diǎn le, tā hái méiyǒu qǐ chuáng.
5. 已经 十 点 了，他 还 没有 起 床。

Wàimiàn xiàzhe yǔ ne, bié chūqu le.
6. 外面 下着 雨 呢，别 出去 了。

Zhēn hǎochī, wǒ hái xiǎng chī yí ge.
7. 真 好吃，我 还 想 吃 一 个。

Hē niúnǎi duì shēntǐ hǎo.
8. 喝 牛奶 对 身体 好。

Zhè shì wǒ de xīn diànnǎo.
9. 这 是 我 的 新 电脑。

Wǒ zhàngfu bǐ wǒ gāo hěn duō.
10. 我 丈夫 比我 高 很 多。

Dì-èr bùfen
第二 部分

Yígòng 10 ge tí, měi tí tīng liǎng cì.
一共 10 个 题，每 题 听 两 次。

Lìrú:
例如:

Nǐ xǐhuan shénme yùndòng?
男：你 喜欢 什么 运动?

Wǒ zuì xǐhuan tī zúqiú.
女：我 最 喜欢 踢 足球。

Xiànzài kāishǐ dì 11 tí:
现在 开始 第 11 题:

11.

Nǐ juéde zhège cài zěnmeyàng?
男：你 觉得 这个 菜 怎么样?

Hěn hǎochī.
女：很 好吃。

12.

Xīguā zěnme mài?
女：西瓜 怎么 卖?

Sān kuài wǔ yì jīn.
男：三 块 五 一 斤。

13.

男：Nǐ měi tiān jǐ diǎn qù shàng bān?
你 每 天 几 点 去 上 班？

女：Wǒ měi tiān jiǔ diǎn qù shàng bān.
我 每 天 九 点 去 上 班。

14.

男：Nǐ kànguo tā xiě de shū ma?
你 看过 他 写 的 书 吗？

女：Méiyǒu. Hǎokàn ma?
没有。 好看 吗？

15.

男：Nǐ zuótiān zěnme méi lái?
你 昨天 怎么 没 来？

女：Wǒ nǚ'ér shēng bìng le.
我 女儿 生 病 了。

Xiànzài kāishǐ dì 16 dào 20 tí:
现在 开始 第 16 到 20 题：

16.

女：Yīshēng, zhèxiē yào shénme shíhou chī?
医生， 这些 药 什么 时候 吃？

男：Fàn hòu chī.
饭 后 吃。

17.

女：Wǒ néng zuò zhèr ma?
我 能 坐 这儿 吗？

男：Duìbuqǐ, zhèr yǐjīng yǒu rén le.
对不起，这儿 已经 有 人 了。

18.

女：Nǐ láiguo zhè jiā fàndiàn ma?
你 来过 这家 饭店 吗？

男：Láiguo, zhèli zuò de cài fēicháng hǎochī.
来过， 这里 做 的 菜 非常 好吃。

19.

Nǐ zěnme le?
女:你 怎么 了?

Wǒ xiǎng shuì jiào, zuówǎn méi shuìhǎo.
男:我 想 睡 觉, 昨晚 没 睡好。

20.

Nǐ érzi qù nǎr le?
男:你 儿子 去 哪儿 了?

Tā hé tóngxué qù yóu yǒng le.
女:他 和 同学 去 游 泳 了。

Dì-sān bùfen
第三 部分

Yígòng 10 ge tí, měi tí tīng liǎng cì.
一共 10 个 题, 每 题 听 两 次。

Lìrú:
例如:

Xiǎo Wáng, zhèli yǒu jǐ ge bēizi, nǎge shì nǐ de?
男:小 王, 这里 有 几 个 杯子, 哪个 是 你 的?

Zuǒbian nàge hóngsè de shì wǒ de.
女:左边 那个 红色 的 是 我 的。

Xiǎo Wáng de bēizi shì shénme yánsè de?
问:小 王 的 杯子 是 什么 颜色 的?

Xiànzài kāishǐ dì 21 tí:
现在 开始 第21题:

21.

Shì wǒ jiějie dǎlái de diànhuà ma?
女:是 我 姐姐 打来 的 电话 吗?

Shì yí ge nán de, wǒ bú rènshi tā, kěnéng dǎcuò le.
男:是 一 个 男 的,我 不 认识 他, 可能 打错 了。

Shéi dǎlái de diànhuà?
问:谁 打来 的 电话?

22.

Lǐ Míng qù nǎr le? Tā hěn cháng shíjiān méi lái gōngsī le.
女:李 明 去 哪儿 了?他 很 长 时间 没来 公司 了。

Tā qù Shànghǎi lǚyóu le. Xià xīngqī huílai.
男：他 去 上海 旅游 了。下 星期 回来。

Lǐ Míng xiànzài zài nǎr?
问：李 明 现在 在 哪儿？

23.

Tiān rè le, wǒ bù xiǎng zuò fàn le.
女：天 热 了，我 不 想 做 饭 了。

Wǒ qù wàimiàn mǎi xiē dōngxi huílai chī.
男：我 去 外面 买 些 东西 回来 吃。

Nán de shì shénme yìsi?
问：男 的 是 什么 意思？

24.

Wǒ xiǎng qǐng péngyou lái jiā li chī fàn, kěyǐ ma?
男：我 想 请 朋友 来 家里 吃 饭，可以 吗？

Kěyǐ a, nǐ qù mǎi cài, wǒ lái zuò fàn.
女：可以 啊，你 去 买 菜，我 来 做 饭。

Nǚ de xiǎng ràng nán de zuò shénme?
问：女 的 想 让 男 的 做 什么？

25.

Nǐ míngtiān bú shì yào kǎo shì ma? Hái wánr diànnǎo?
男：你 明天 不 是 要 考试 吗？还 玩儿 电脑？

Shéi shuō de? Zuótiān yǐjīng kǎoguo le.
女：谁 说 的？昨天 已经 考过 了。

Nǚ de zài zuò shénme?
问：女 的 在 做 什么？

26.

Nǐ bāng wǒ kànkan, wǒ de diànnǎo zěnme le?
女：你 帮 我 看看，我 的 电脑 怎么 了？

Méi shénme dà wèntí, zài kāi yíxià jiù hǎo le.
男：没 什么 大 问题，再 开 一下 就 好 了。

Nán de shì shénme yìsi?
问：男 的 是 什么 意思？

27.

Nǐ shénme shíhou néng dào? Diànyǐng kuài kāishǐ le.
女：你 什么 时候 能 到？电影 快 开始 了。

Zài lù shang ne. Wǔ fēnzhōng hòu jiù dào.
男：在 路 上 呢。五 分钟 后 就 到。

Nán de xiànzài zài nǎr?
问：男 的 现在 在 哪儿？

28.

Xiǎomíng, jīnnián shēngrì nǐ xiǎng yào shénme?
女：小明， 今年 生日 你 想 要 什么？

Wǒ yǐjīng yǒu lánqiú le, hái xiǎng yào ge zúqiú.
男：我 已经 有 篮球 了，还 想 要 个 足球。

Xiǎomíng xiǎng yào shénme?
问： 小明 想 要 什么？

29.

Kuài qǐ chuáng, yǐjīng liù diǎn wǔshí le.
女：快 起 床， 已经 六 点 五十 了。

Děng nǐ zǎofàn zuòhǎole zài jiào wǒ ba, wǒ tài lèi le.
男： 等 你 早饭 做好了 再 叫 我 吧，我 太 累 了。

Nán de xiànzài zuì xiǎng zuò shénme?
问：男 的 现在 最 想 做 什么？

30.

Wǒmen zěnme qù huǒchēzhàn? Zuò chūzūchē ba.
女：我们 怎么 去 火车站？ 坐 出租车 吧。

Zhèr lí nàr bù yuǎn, zǒu lù shí fēnzhōng jiù dào le.
男：这儿 离 那儿 不 远， 走 路 十 分钟 就 到 了。

Nán de shì shénme yìsi?
问：男 的 是 什么 意思？

Dì-sì bùfen
第四 部分

Yígòng 5 ge tí, měi tí tīng liǎng cì.
一共 5 个题，每 题 听 两 次。

Lìrú：
例如：

Qǐng zài zhèr xiě nín de míngzi.
女：请 在 这儿 写 您 的 名字。

Shì zhèr ma?
男：是 这儿 吗？

Bú shì, shì zhèr.
女：不 是，是 这儿。

Hǎo, xièxie.
男：好， 谢谢。

Nán de yào xiě shénme?
问：男 的 要 写 什么？

Xiànzài kāishǐ dì 31 tí：
现在 开始 第 31 题：

31.

Nǐ dào jiā le ma?
女：你 到 家 了 吗？

Hái zài chē shang, shénme shì?
男：还 在 车 上， 什么 事？

Wǒ kěnéng yào wǎn xiē huí jiā, nǐ mǎi xiē dōngxi huí jiā chī ba.
女：我 可能 要 晚些 回家，你 买些 东西 回家 吃 吧。

Hǎo de, zhīdào le.
男：好 的，知道 了。

Nán de xiànzài zài nǎr?
问：男 的 现在 在 哪儿？

32.

Néng zài zhèr xiě yíxià nǐ de diànhuà ma?
女：能 在 这儿 写 一下 你 的 电话 吗？

Wǒ jiā li méi diànhuà, shǒujīhào kěyǐ ma?
男：我 家 里 没 电话， 手机号 可以 吗？

Kěyǐ, gōngsī diànhuà yě xiě yíxià ba.
女：可以，公司 电话 也 写 一下 吧。

Hǎo de, méi wèntí.
男：好 的，没 问题。

Nán de yào xiě shénme?
问：男 的 要 写 什么？

33.

Nǐ de shǒubiǎo zhēn piàoliang.
女：你 的 手表 真 漂亮。

Wǒ chángcháng shuì de tài wǎn wǒ māma jiù mǎile zhège sònggěi wǒ.
男：我 常常 睡 得 太 晚，我 妈妈 就 买了 这个 送给 我。

Wǒ yě xiǎng mǎi, zài nǎr mǎi de?
女：我 也 想 买，在 哪儿 买 的？

Jiù zài wǒ jiā pángbiān de shāngdiàn li.

男：就 在 我 家 旁边 的 商店 里。

Shéi xiǎng mǎi shǒubiǎo?

问：谁 想 买 手表？

34.

Nǚ'ér zěnme hái méi huílai?

男：女儿 怎么 还 没 回来？

Tā dǎ diànhuà gěi wǒ shuō qù péngyou jiā le.

女：她打 电话 给我 说 去 朋友 家了。

Nà tā zěnme huílai?

男：那 她 怎么 回来？

Tā shuō jīntiān péngyou shēngrì, tā jiù zhùzài nàr le.

女：她 说 今天 朋友 生日，她 就 住在 那儿 了。

Nǚ de shì shénme yìsi?

问：女 的 是 什么 意思？

35.

Wǒmen kāi chē qù Běijīng zěnmeyàng?

男：我们 开 车 去 北京 怎么样？

Yào qī ge xiǎoshí ne, tài lèi le, wǒ bù xiǎng kāi.

女：要 七 个 小时 呢，太 累 了，我 不 想 开。

Nà zuò fēijī ba, tīngshuō xiànzài jīpiào hěn piányi.

男：那 坐 飞机 吧， 听说 现在 机票 很 便宜。

Qián bú shì wèntí, wǒ xiǎng kuài xiē dào nàr.

女：钱 不 是 问题，我 想 快 些 到 那儿。

Tāmen zuì kěnéng zěnme qù Běijīng?

问：他们 最 可能 怎么 去 北京？

Tīnglì kǎoshì xiànzài jiéshù.

听力 考试 现在 结束。

中文水平考试 HSK（二级）全真模拟题 2 听力材料

（音乐，30秒，渐弱）

Dàjiā hǎo! Huānyíng cānjiā HSK　èrjí　kǎoshì.
大家 好！　欢迎　参加 HSK（二级）考试。

Dàjiā hǎo! Huānyíng cānjiā HSK　èrjí　kǎoshì.
大家 好！　欢迎　参加 HSK（二级）考试。

Dàjiā hǎo! Huānyíng cānjiā HSK　èrjí　kǎoshì.
大家 好！　欢迎　参加 HSK（二级）考试。

　HSK　èrjí　tīnglì kǎoshì fēn sì bùfen，gòng 35　tí.
　HSK（二级）听力 考试 分 四 部分，共　35题。

Qǐng dàjiā zhùyì，tīnglì kǎoshì xiànzài kāishǐ.
　请　大家 注意，听力 考试　现在　开始。

Dì-yī bùfen
第一 部分

Yígòng 10 ge tí，měi tí tīng liǎng cì.
　一共 10个题，每 题 听　两　次。

Lìrú：　Wǒmen jiā yǒu sān ge rén.
例如：　我们　家 有　三　个 人。

　　　　Wǒ měi tiān zuò gōnggòng qìchē qù shàng bān.
　　　　我 每 天 坐　公共　汽车 去　上　班。

Xiànzài kāishǐ dì 1 tí：
　现在　开始 第 1 题：

　　　Tā zhèngzài kàn bàozhǐ ne.
1. 她　正在　看　报纸 呢。

　　　Wǒ měi tiān dōu qù dǎ lánqiú.
2. 我　每　天　都 去 打 篮球。

　　　Wǒ de zǎofàn shì yì bēi niúnǎi hé liǎng ge jīdàn.
3. 我 的 早饭 是 一 杯　牛奶 和　两　个 鸡蛋。

　　　Míngtiān wǒ xiǎng hé péngyou yìqǐ qù tī zúqiú.
4. 　明天　我　想　和　朋友　一起 去 踢 足球。

　　　Jīntiān xiàwǔ wǒ yào qù yóu yǒng.
5. 　今天　下午 我 要 去 游　泳。

Māma gěi wǒ mǎile yí ge shǒubiǎo.
6. 妈妈 给 我 买了 一个 手表。

Tā xiǎng sòng zhàngfu yí ge xīn shǒujī.
7. 她 想 送 丈夫 一个 新 手机。

Tā zhèngzài xǐ yīfu ne.
8. 她 正在 洗 衣服 呢。

Wǒ shēng bìng le, yīshēng ràng wǒ duō xiūxi.
9. 我 生 病 了，医生 让 我 多 休息。

Fúwùyuán, wǒ yào yì bēi kāfēi.
10. 服务员，我 要 一 杯 咖啡。

Dì-èr bùfen
第二 部分

Yígòng 10 ge tí, měi tí tīng liǎng cì.
一共 10个 题，每 题 听 两 次。

Lìrú：
例如：

Nǐ xǐhuan shénme yùndòng?
男：你 喜欢 什么 运动？

Wǒ zuì xǐhuan tī zúqiú.
女：我 最 喜欢 踢 足球。

Xiànzài kāishǐ dì 11 tí：
现在 开始 第11题：

11.

Nǐ měi tiān jǐ diǎn qù shàng bān?
男：你 每 天 几 点 去 上 班？

Wǒ měi tiān liù diǎn qù shàng bān.
女：我 每 天 六 点 去 上 班。

12.

Nǐmen zhèli yǒu shénme hǎochī de cài?
男：你们 这里 有 什么 好吃 的 菜？

Wǒmen zhèli de yángròu búcuò.
女：我们 这里 的 羊肉 不错。

13.

　　Nǐ zuǒbian nàge rén shì shéi?
男：你　左边　那个　人　是　谁？

　　Wǒ jiějie.
女：我　姐姐。

14.

　　Zhèxiē bēizi shì zài nǎr mǎi de?
男：这些　杯子　是　在　哪儿　买　的？

　　Wǒ jiā pángbiān de shāngdiàn li.
女：我　家　旁边　的　商店　里。

15.

　　Nǐ de háizi jīnnián duō dà le?
女：你　的　孩子　今年　多　大　了？

　　Liǎng suì duō le.
男：两　岁　多　了。

16.

　　Wàimiàn hái zài xià yǔ ma?
男：外面　还　在　下　雨　吗？

　　Bú xià le. Wǒmen zǒu ba.
女：不　下　了。我们　走　吧。

17.

　　Bié wánr diànnǎo le, xiūxi yíxià ba.
女：别　玩儿　电脑　了，休息　一下　吧。

　　Zài wánr shí fēnzhōng.
男：再　玩儿　十　分钟。

18.

　　Wǒ néng dào nǐmen gōngsī gōngzuò ma?
女：我　能　到　你们　公司　工作　吗？

　　Nǐ děng wǒmen de diànhuà ba.
男：你　等　我们　的　电话　吧。

19.

　　Xiǎo gǒu zěnme bù chī dōngxi?
男：小　狗　怎么　不吃　东西？

　　Kěnéng shēng bìng le.
女：可能　　生　病　了。

20.

　　Nín shì lǎoshī ma?
男：您　是　老师　吗？

　　Shì, wǒ shì Hànyǔ lǎoshī.
女：是，我　是　汉语　老师。

Dì-sān bùfen
第三 部分

Yígòng 10 ge tí, měi tí tīng liǎng cì.
一共　10个　题，每　题　听　两　次。

Lìrú：
例如：

　　Xiǎo Wáng, zhèli yǒu jǐ ge bēizi, nǎge shì nǐ de?
男：小　　王，这里　有　几个　杯子，哪个　是　你　的？

　　Zuǒbian nàge hóngsè de shì wǒ de.
女：左边　那个　红色　的　是　我　的。

　　Xiǎo Wáng de bēizi shì shénme yánsè de?
问：小　　王　的　杯子　是　什么　颜色　的？

Xiànzài kāishǐ dì 21 tí：
现在　开始　第21题：

21.

　　Nín hǎo! Qǐngwèn shì Lǐ lǎoshī ma?
男：您　好！请问　是　李　老师　吗？

　　Bú shì, wǒ shì tā de qīzi. Tā xiànzài bú zài jiā.
女：不　是，我　是　他　的　妻子。他　现在　不　在　家。

　　Nán de yào zhǎo shéi?
问：男　的　要　找　谁？

22.

Nǐ měi tiān zěnme qù gōngsī? Kāi chē ma?
女：你 每 天 怎么 去 公司？开 车 吗？

Wǒ jiā lí gōngsī hěn jìn, zǒu shí fēnzhōng jiù dào le.
男：我 家 离 公司 很 近，走 十 分钟 就 到 了。

Nán de měi tiān zěnme qù gōngsī?
问：男 的 每 天 怎么 去 公司？

23.

Wǒ de shǒujī méi diàn le, nǐ de néng gěi wǒ dǎ yíxià ma?
女：我 的 手机 没 电 了，你 的 能 给 我 打 一下 吗？

Hǎo de, méi wèntí.
男：好 的，没 问题。

Nǚ de shì shénme yìsi?
问：女 的 是 什么 意思？

24.

Nǐ érzi zhēn gāo a, jīnnián yǒu shí suì le ba?
男：你 儿子 真 高 啊，今年 有 十 岁 了 吧？

Méiyǒu, tā jīnnián bā suì.
女：没有，他 今年 八 岁。

Nǚ de de érzi duō dà le?
问：女 的 的 儿子 多 大 了？

25.

Zhè jiàn hēisè de zěnmeyàng?
女：这 件 黑色 的 怎么样？

Wǒ juéde bù hǎokàn, hóngsè de búcuò.
男：我 觉得 不 好看，红色 的 不错。

Nán de xǐhuan shénme yánsè?
问：男 的 喜欢 什么 颜色？

26.

Tài wǎn le, wǒ kāi chē sòng nǐ huí jiā ba.
男：太 晚 了，我 开车 送 你 回家 吧。

Méi shìr, wǒ zuò chūzūchē huíqu.
女：没 事儿，我 坐 出租车 回去。

Nǚ de xiǎng zěnme huí jiā?
问：女 的 想 怎么 回 家？

27.

Nǐ de yǎnjing zěnme hóng le?
男：你 的 眼睛 怎么 红 了？

Gōngsī de shìqing tài duō, wǒ zuótiān shuì de hěn wǎn.
女：公司 的 事情 太 多，我 昨天 睡 得 很 晚。

Nǚ de zěnme le?
问：女 的 怎么 了？

28.

Qǐngwèn Lǐ xiānsheng zài jiā ma?
男：请问 李 先生 在 家 吗？

Tā zài gōngsī, nǐ dǎ tā de shǒujī ba.
女：他 在 公司，你 打 他 的 手机 吧。

Lǐ xiānsheng zài nǎr?
问：李 先生 在 哪儿？

29.

Nǐ qù bu qù shāngdiàn?
女：你 去 不 去 商店？

Wǒ zuótiān qùguo le, dōngxi dōu mǎihǎo le.
男：我 昨天 去过 了，东西 都 买好 了。

Nán de shì shénme yìsi?
问：男 的 是 什么 意思？

30.

Yǐjīng shí diǎn èrshí le, Xiǎo Zhāng zěnme hái méi dào?
女：已经 十 点 二十 了，小 张 怎么 还 没 到？

Tā qīzi shuō tā sìshí fēnzhōng qián jiù chū mén le.
男：他 妻子 说 他 四十 分钟 前 就 出 门 了。

Xiǎo Zhāng shì shénme shíhou chūqu de?
问：小 张 是 什么 时候 出去 的？

第四 部分

Yígòng 5 ge tí, měi tí tīng liǎng cì.
一共 5 个题，每题听 两 次。

Lìrú:
例如：

Qǐng zài zhèr xiě nín de míngzi.
女：请 在 这儿 写 您 的 名字。

Shì zhèr ma?
男：是 这儿 吗？

Bú shì, shì zhèr.
女：不 是，是 这儿。

Hǎo, xièxie.
男：好， 谢谢。

Nán de yào xiě shénme?
问：男 的 要 写 什么？

Xiànzài kāishǐ dì 31 tí:
现在 开始 第 31 题：

31.

Wèi, nǐ dǎ diànhuà gěi wǒ yǒu shénme shì?
男：喂，你打 电话 给 我 有 什么 事？

Háizi shēng bìng le, nǐ néng huílai ma?
女：孩子 生 病 了，你 能 回来 吗？

Wǒ xiànzài hěn máng, huí bú qu.
男：我 现在 很 忙， 回 不 去。

Hǎo ba, wǒ ràng wǒ mā huílai ba.
女：好 吧，我 让 我 妈 回来 吧。

Nǚ de ràng nán de zuò shénme?
问：女 的 让 男 的 做 什么？

32.

Xiànzài jǐ diǎn le?
男：现在 几 点 了？

Shíyī diǎn èrshíwǔ fēn.

女：十一 点 二十五 分。

Nǐ de biǎo zěnme bǐ wǒ de kuài yí ge xiǎoshí?

男：你的 表 怎么 比 我 的 快 一 个 小时？

Bù kěnéng ba, wǒ kànkan. Nǐ de biǎo bù zǒu le.

女：不 可能 吧，我 看看。你 的 表 不 走 了。

Nán de de shǒubiǎo xiànzài jǐ diǎn?

问：男 的 的 手表 现在 几 点？

33.

Jīntiān qù Shànghǎi de huǒchēpiào yǐjīng màiwán le.

女：今天 去 上海 的 火车票 已经 卖完 了。

Nà míngtiān shàngwǔ de hái yǒu ma?

男：那 明天 上午 的 还 有 吗？

Méiyǒu le, yǒu xiàwǔ sān diǎn de, nín yào ma?

女：没有 了，有 下午 三 点 的，您 要 吗？

Hǎo ba, wǒ yào liǎng zhāng.

男：好 吧，我 要 两 张。

Nán de shénme shíhou qù Shànghǎi?

问：男 的 什么 时候 去 上海？

34.

Gōngzuò zhǎodào le ma?

男：工作 找到 了 吗？

Hái méi ne.

女：还 没 呢。

Yǒu ge gōngsī bú shì yào nǐ le ma? Nǐ zěnme bú qù?

男：有 个 公司 不 是 要 你 了 吗？你 怎么 不 去？

Cóng nàr dào wǒ jiā zuò gōnggòng qìchē yào liǎng ge xiǎoshí ne.

女：从 那儿 到 我 家 坐 公共 汽车 要 两 个 小时 呢。

Nǚ de wèi shénme bù xiǎng qù nàge gōngsī?

问：女 的 为 什么 不 想 去 那个 公司？

35.

Nǐ kànjiàn wǒ de shǒujī le ma?

男：你 看见 我 的 手机 了 吗？

Zhuōzi shang yǒu méiyǒu?

女：桌子 上 有 没有？

Wǒ zhǎoguo le, méiyǒu.
男：我 找过 了，没有。

Wǒ bāng nǐ zhǎozhao. Nǐ kàn, zài chuáng shang ne.
女：我 帮 你 找找。你 看，在 床 上 呢。

Shǒujī zài nǎr?
问：手机 在 哪儿？

Tīnglì kǎoshì xiànzài jiéshù.
听力 考试 现在 结束。

中文水平考试 HSK（二级）全真模拟题 3 听力材料

（音乐，30秒，渐弱）

Dàjiā hǎo! Huānyíng cānjiā HSK èrjí kǎoshì.
大家 好！ 欢迎 参加 HSK（二级）考试。

Dàjiā hǎo! Huānyíng cānjiā HSK èrjí kǎoshì.
大家 好！ 欢迎 参加 HSK（二级）考试。

Dàjiā hǎo! Huānyíng cānjiā HSK èrjí kǎoshì.
大家 好！ 欢迎 参加 HSK（二级）考试。

HSK èrjí tīnglì kǎoshì fēn sì bùfen, gòng 35 tí.
HSK（二级）听力 考试 分 四 部分， 共 35 题。

Qǐng dàjiā zhùyì, tīnglì kǎoshì xiànzài kāishǐ.
请 大家 注意，听力 考试 现在 开始。

Dì-yī bùfen
第一 部分

Yígòng 10 ge tí, měi tí tīng liǎng cì.
一共 10个题，每 题 听 两 次。

Lìrú： Wǒmen jiā yǒu sān ge rén.
例如： 我们 家 有 三 个 人。

Wǒ měi tiān zuò gōnggòng qìchē qù shàng bān.
我 每 天 坐 公共 汽车去 上 班。

Xiànzài kāishǐ dì 1 tí:
现在 开始 第 1题：

Wǒ zuì xǐhuan hē kāfēi.
1. 我 最 喜欢 喝 咖啡。

Tài rè le, wǒmen qù yóu yǒng ba.
2. 太 热 了，我们 去 游 泳 吧。

Tā mǎile yí ge xīn shǒujī.
3. 他 买了 一 个 新 手机。

Tài lèi le, wǒ xiǎng xiūxi xiūxi.
4. 太 累 了，我 想 休息 休息。

Zhè shì wǒmen de jiàoshì.
5. 这 是 我们 的 教室。

Jiějie zuì xǐhuan wánr diànnǎo.
6. 姐姐 最 喜欢 玩儿 电脑。

Tāmen zuò fēijī qù Shànghǎi lǚyóu.
7. 他们 坐 飞机 去 上海 旅游。

Tā de yīfu fēicháng piàoliang.
8. 她 的 衣服 非常 漂亮。

Wǒ zuì xǐhuan chī píngguǒ.
9. 我 最 喜欢 吃 苹果。

Tā měi tiān dōu hěn kuàilè.
10. 她 每 天 都 很 快乐。

Dì-èr bùfen
第二 部分

Yígòng 10 ge tí, měi tí tīng liǎng cì.
一共 10 个 题，每 题 听 两 次。

Lìrú：
例如：

Nǐ xǐhuan shénme yùndòng?
男：你 喜欢 什么 运动？

Wǒ zuì xǐhuan tī zúqiú.
女：我 最 喜欢 踢 足球。

Xiànzài kāishǐ dì 11 tí：
现在 开始 第 11 题：

11.

Wáng Xuě wèi shénme méi lái?
男：王 雪 为 什么 没 来？

Tā xiàwǔ yào kǎo shì.
女：她 下午 要 考试。

12.

Nǐ tīngguo tā de gē ma?
女：你 听过 他 的 歌 吗？

Tīngguo, hěn hǎotīng.
男：听过， 很 好听。

— 113 —

13.

Nǐ hē kāfēi ma?

男：你 喝 咖啡 吗？

Hǎo de，xièxie!

女：好 的，谢谢！

14.

Nǐ juéde shénme shuǐguǒ zuì hǎochī?

男：你 觉得 什么 水果 最 好吃？

Wǒ juéde píngguǒ zuì hǎochī.

女：我 觉得 苹果 最 好吃。

15.

Qǐngwèn duō cháng shíjiān néng dào?

女：请问 多 长 时间 能 到？

Kěnéng yào sìshí fēnzhōng.

男：可能 要 四十 分钟。

16.

Néng qǐng nǐ tiào ge wǔ ma?

男：能 请 你 跳 个 舞 吗？

Méi wèntí.

女：没 问题。

17.

Zhǎo wǒ yǒu shénme shì?

男：找 我 有 什么 事？

Huílai de shíhou mǎi xiē jīdàn ba.

女：回来 的 时候 买 些 鸡蛋 吧。

18.

Nǐ de shǒubiǎo zhēn piàoliang.

男：你 的 手表 真 漂亮。

Shì ma? Zhè shì wǒ zhàngfu sònggěi wǒ de.

女：是 吗？ 这 是 我 丈夫 送给 我 的。

19.

　　Nǐ hé nǐ mèimei shéi gāo?
女：你 和 你 妹妹 谁 高？

　　Wǒ mèimei bǐ wǒ gāo.
男：我 妹妹 比 我 高。

20.

　　Nǐ hěn lèi ma?
女：你 很 累 吗？

　　Shì a, gōngsī de shìqing tài duō le.
男：是 啊，公司 的 事情 太 多 了。

Dì-sān bùfen
第三 部分

Yígòng 10 ge tí, měi tí tīng liǎng cì.
一共 10 个 题，每 题 听 两 次。

Lìrú：
例如：

　　Xiǎo Wáng, zhèli yǒu jǐ ge bēizi, nǎge shì nǐ de?
男：小 王，这里 有 几 个 杯子，哪个 是 你 的？

　　Zuǒbian nàge hóngsè de shì wǒ de.
女：左边 那个 红色 的 是 我 的。

　　Xiǎo Wáng de bēizi shì shénme yánsè de?
问：小 王 的 杯子 是 什么 颜色 的？

Xiànzài kāishǐ dì 21 tí：
现在 开始 第21 题：

21.

　　Hái zài xuéxí a? Bù huí jiā ma?
男：还 在 学习 啊？不 回 家 吗？

　　Míngtiān yǒu kǎoshì, wǒ yào hǎohāor zhǔnbèi yíxià.
女：明天 有 考试，我 要 好好儿 准备 一下。

　　Nǚ de xiànzài zài zuò shénme?
问：女 的 现在 在 做 什么？

22.

女：你 怎么 还在 看 球？ 明天 不 上 班 吗？
Nǐ zěnme hái zài kàn qiú? Míngtiān bú shàng bān ma?

男：再 看 十 分钟 就 睡 觉。
Zài kàn shí fēnzhōng jiù shuì jiào.

问：男 的 在 做 什么？
Nán de zài zuò shénme?

23.

男：我们 明天 一起 去 跑 步 怎么样？
Wǒmen míngtiān yìqǐ qù pǎo bù zěnmeyàng?

女：我 不 喜欢 出去，我 喜欢 在 家 看 电视。
Wǒ bù xǐhuan chūqu, wǒ xǐhuan zài jiā kàn diànshì.

问：女 的 是 什么 意思？
Nǚ de shì shénme yìsi?

24.

男：你 丈夫 今年 多 大 了？
Nǐ zhàngfu jīnnián duō dà le?

女：三十五，比 我 大 两 岁。
Sānshíwǔ, bǐ wǒ dà liǎng suì.

问：女 的 今年 多 大 了？
Nǚ de jīnnián duō dà le?

25.

女：明天 十 点 我 去 你 家 找 你 可以 吗？
Míngtiān shí diǎn wǒ qù nǐ jiā zhǎo nǐ kěyǐ ma?

男：上午 我 不 在 家，下午 两 点 吧。
Shàngwǔ wǒ bú zài jiā, xiàwǔ liǎng diǎn ba.

问：男 的 让 女 的 几 点 去 找 他？
Nán de ràng nǚ de jǐ diǎn qù zhǎo tā?

26.

男：昨天 那个 房子 怎么样？ 喜欢 吗？
Zuótiān nàge fángzi zěnmeyàng? Xǐhuan ma?

女：房间 很 大，也 很 漂亮，但是 太 贵 了。
Fángjiān hěn dà, yě hěn piàoliang, dànshì tài guì le.

问：女 的 觉得 那个 房子 怎么样？
Nǚ de juéde nàge fángzi zěnmeyàng?

27.

女：我 是 医生，你 是 学生 吗？
Wǒ shì yīshēng, nǐ shì xuéshēng ma?

男：不 是，我 在 北京 大学 教书。
Bú shì, wǒ zài Běijīng Dàxué jiāo shū.

问：男 的 是 做 什么 的？
Nán de shì zuò shénme de?

28.

女：听说 你 要 回 国？ 机票 买 了 吗？
Tīngshuō nǐ yào huí guó? Jīpiào mǎi le ma?

男：还 没 呢，我 想 星期天 走，下午 就 去 买 机票。
Hái méi ne, wǒ xiǎng xīngqītiān zǒu, xiàwǔ jiù qù mǎi jīpiào.

问：男 的 想 什么 时候 回 国？
Nán de xiǎng shénme shíhou huí guó?

29.

男：李 雪 怎么 了？ 生 病 了 吗？
Lǐ Xuě zěnme le? Shēng bìng le ma?

女：不 是，她 考 得 不 太 好。
Bú shì, tā kǎo de bú tài hǎo.

问：李 雪 怎么 了？
Lǐ Xuě zěnme le?

30.

女：你 这 几 天 在 忙 什么 呢？
Nǐ zhè jǐ tiān zài máng shénme ne?

男：我 在 找 房子，现在 住 得 离 公司 太 远 了。
Wǒ zài zhǎo fángzi, xiànzài zhù de lí gōngsī tài yuǎn le.

问：男 的 这 几 天 在 做 什么？
Nán de zhè jǐ tiān zài zuò shénme?

Yígòng 5 ge tí, měi tí tīng liǎng cì.
一共 5 个题，每题听 两 次。

Lìrú：
例如：

Qǐng zài zhèr xiě nín de míngzi.
女：请 在 这儿 写 您 的 名字。

Shì zhèr ma?
男：是 这儿 吗？

Bú shì, shì zhèr.
女：不 是，是 这儿。

Hǎo, xièxie.
男：好，谢谢。

Nán de yào xiě shénme?
问：男 的 要 写 什么？

Xiànzài kāishǐ dì 31 tí：
现在 开始 第 31 题：

31.

Xīguā zěnme mài?
女：西瓜 怎么 卖？

Yí kuàir xīguā sān kuài qián. Mǎi yí ge kěyǐ piányi yìxiē.
男：一 块儿 西瓜 三 块 钱。买 一 个 可以 便宜 一些。

Yí ge tài duō le, chī bu wán. Wǒ yào zhè kuàir ba.
女：一 个 太 多 了，吃 不 完。我 要 这 块儿 吧。

Hǎo de, gěi nín.
男：好 的，给 您。

Nǚ de wèi shénme méi mǎi yí ge xīguā?
问：女 的 为 什么 没 买 一 个 西瓜？

32.

Qǐngwèn Zhāng lǎoshī zài jiā ma?
男：请问 张 老师 在 家 吗？

Bú zài, tā chūqu le.
女：不 在，他 出去 了。

Wǒ shì Wáng Xiǎomíng de bàba. Qǐngwèn, tā shénme shíhou huílai?
男：我 是 王 小明 的 爸爸。请问， 他 什么 时候 回来？

Kěnéng liù diǎnzhōng huílai, dào shíhou nǐ zài dǎ ba.
女：可能 六 点钟 回来，到 时候 你 再 打 吧。

Nán de shì Wáng Xiǎomíng de shénme rén?
问：男 的 是 王 小明 的 什么 人？

33.

Nǐ rènshi nàge nǚháir ma?
男：你 认识 那个 女孩儿 吗？

Rén tài duō le, nǐ shuō de shì nǎge?
女：人 太 多 了，你 说 的 是 哪个？

Jiù shì hěn gāo, wǔ tiào de hěn hǎo de nàge.
男：就 是 很 高，舞 跳 得 很 好 的 那个。

Rènshi. Wǒ gěi nǐ jièshào yíxià ba.
女：认识。我 给 你 介绍 一下 吧。

Nán de juéde nàge nǚháir zěnmeyàng?
问：男 的 觉得 那个 女孩儿 怎么样？

34.

Nǐ zuì xǐhuan chī shénme cài?
男：你 最 喜欢 吃 什么 菜？

Wǒ zuì xǐhuan chī wǒ māma zuò de yú, dànshì wǒ bú huì zuò.
女：我 最 喜欢 吃 我 妈妈 做 的 鱼，但是 我 不 会 做。

Wǒ yě bú huì, wǒ qǐng nǐ qù fàndiàn chī ba.
男：我 也 不 会，我 请 你 去 饭店 吃 吧。

Hǎo a, xièxie nǐ.
女：好 啊，谢谢 你。

Shéi huì zuò yú?
问：谁 会 做 鱼？

35.

Wǒmen yǐjīng yǒu jǐ nián méi jiàn le?
男：我们 已经 有 几 年 没 见 了？

Ràng wǒ xiǎngxiang, yǒu shí nián le ba.
女：让 我 想想， 有 十 年 了 吧。

Nǐ xiànzài hái zài nà jiā gōngsī gōngzuò ma?
男：你 现在 还 在 那家 公司 工作 吗？

Shì a, wǒ yǐjīng zài nàr gōngzuò liù nián le.
女：是 啊，我 已经 在 那儿 工作 六 年 了。

Nǚ de zài nà jiā gōngsī gōngzuò jǐ nián le?
问：女 的 在 那家 公司 工作 几 年 了？

Tīnglì kǎoshì xiànzài jiéshù.
听力 考试 现在 结束。

中文水平考试 HSK（二级）全真模拟题 4 听力材料

（音乐，30秒，渐弱）

Dàjiā hǎo! Huānyíng cānjiā HSK　èrjí　kǎoshì.
大家 好！ 欢迎　参加 HSK（二级）考试。

Dàjiā hǎo! Huānyíng cānjiā HSK　èrjí　kǎoshì.
大家 好！ 欢迎　参加 HSK（二级）考试。

Dàjiā hǎo! Huānyíng cānjiā HSK　èrjí　kǎoshì.
大家 好！ 欢迎　参加 HSK（二级）考试。

HSK　èrjí　tīnglì kǎoshì fēn sì bùfen, gòng 35 tí.
HSK（二级）听力 考试 分 四 部分，共 35 题。

Qǐng dàjiā zhùyì, tīnglì kǎoshì xiànzài kāishǐ.
请 大家 注意，听力 考试 现在 开始。

Dì-yī bùfen
第一 部分

Yígòng 10 ge tí, měi tí tīng liǎng cì.
一共 10个题，每 题 听 两 次。

Lìrú： Wǒmen jiā yǒu sān ge rén.
例如：我们 家 有 三 个 人。

　　　 Wǒ měi tiān zuò gōnggòng qìchē qù shàng bān.
　　　 我 每 天 坐 公共 汽车 去 上 班。

Xiànzài kāishǐ dì 1 tí：
现在 开始 第 1 题：

　　Jīntiān shì ge qíngtiān.
1. 今天 是 个 晴天。

　　Jiàoshì li yǒu hěn duō rén.
2. 教室 里 有 很 多 人。

　Wǒ de nǚ'ér hěn ài xiào.
3. 我 的 女儿 很 爱 笑。

　　Zhè shì qiántiān xuéguo de, shéi huì dú?
4. 这 是 前天　学过 的，谁 会 读？

　　Māma, zhège háizi xiào le.
5. 妈妈，这个 孩子 笑 了。

— 121 —

Tā zhèngzài zhǔnbèi míngtiān de kǎoshì.
6. 他 正在 准备 明天 的 考试。

Zhè jiàn yīfu tài dà le, bù néng chuān le.
7. 这件 衣服 太 大 了，不 能 穿 了。

Māo ài chī yú.
8. 猫 爱 吃 鱼。

Xiānsheng, zhè shì nín yào de kāfēi.
9. 先生， 这 是 您 要 的 咖啡。

Zǎoshang bàba kāi chē sòng wǒ qù xuéxiào.
10. 早上 爸爸 开 车 送 我 去 学校。

Dì-èr bùfen
第二 部分

Yígòng 10 ge tí, měi tí tīng liǎng cì.
一共 10 个 题，每 题 听 两 次。

Lìrú:
例如：

Nǐ xǐhuan shénme yùndòng?
男：你 喜欢 什么 运动？

Wǒ zuì xǐhuan tī zúqiú.
女：我 最 喜欢 踢 足球。

Xiànzài kāishǐ dì 11 tí:
现在 开始 第11题：

11.

Nǐ xué tiào wǔ jǐ nián le?
男：你 学 跳 舞 几 年 了？

Yǐjīng wǔ nián duō le.
女：已经 五 年 多 了。

12.

Nǚ'ér, nǐ zài zuò shénme a?
男：女儿，你 在 做 什么 啊？

Wǒ zài bāng māma zuò fàn.
女：我 在 帮 妈妈 做 饭。

13.

Nǐ xiǎng qù nǎr gōngzuò?
男：你 想 去 哪儿 工作？

Wǒ xiǎng qù dà gōngsī gōngzuò.
女：我 想 去大 公司 工作。

14.

Nǐ zuótiān wèi shénme méi lái shàng bān?
男：你 昨天 为 什么 没来 上 班？

Wǒ shēng bìng le.
女：我 生 病 了。

15.

Nǐ juéde nǎ jiàn yīfu hǎokàn?
女：你 觉得 哪 件 衣服 好看？

Wǒ juéde zuǒbian nà jiàn búcuò.
男：我 觉得 左边 那件 不错。

16.

Jīntiān shēntǐ hǎo xiē le ma?
男：今天 身体 好 些 了 吗？

Hǎo duō le, xièxie nǐ lái kàn wǒ.
女：好 多 了，谢谢 你来 看 我。

17.

Bié sòng le, huíqu ba.
女：别 送 了，回去 吧。

Hǎo de, dào jiā gěi wǒ dǎ diànhuà.
男：好 的，到 家 给 我 打 电话。

18.

Lǎoshī, nǐ kàn wǒ xiě de zěnmeyàng?
男：老师，你 看 我 写 得 怎么样？

Xiě de fēicháng hǎo.
女：写 得 非常 好。

19.

Zhè shì shénme dōngxi?
男：这是 什么 东西？

Sònggěi nǐ de, shēngrì kuàilè!
女：送给 你 的，生日 快乐！

20.

Wǒmen yìqǐ qù lǚyóu zěnmeyàng?
男： 我们 一起 去 旅游 怎么样？

Tài hǎo le! Wǒ xiǎng qù Shànghǎi.
女： 太 好 了！我 想 去 上海。

Dì-sān bùfen
第三 部分

Yígòng 10 ge tí, měi tí tīng liǎng cì.
一共 10 个 题，每 题 听 两 次。

Lìrú：
例如：

Xiǎo Wáng, zhèli yǒu jǐ ge bēizi, nǎge shì nǐ de?
男： 小 王， 这里 有 几 个 杯子，哪个 是 你 的？

Zuǒbian nàge hóngsè de shì wǒ de.
女： 左边 那个 红色 的 是 我 的。

Xiǎo Wáng de bēizi shì shénme yánsè de?
问： 小 王 的 杯子 是 什么 颜色 的？

Xiànzài kāishǐ dì 21 tí：
现在 开始 第 21 题：

21.

Zhège zì zěnme dú? Nǐ huì ma?
女： 这个 字 怎么 读？你 会 吗？

Suīrán shàng xīngqī xuéguo le, dànshì wǒ yě bú huì dú.
男： 虽然 上 星期 学过 了，但是 我 也 不 会 读。

Nán de shì shénme yìsi?
问： 男 的 是 什么 意思？

22.

Wèi, wǒ yǐjīng dào jiā le, nǐ hái zài gōngsī ma?
女： 喂，我 已经 到 家 了，你 还 在 公司 吗？

Wǒ xiànzài zài wàimiàn chī fàn, bié děng wǒ le.
男： 我 现在 在 外面 吃饭，别 等 我 了。

Nán de xiànzài zài nǎr?
问： 男 的 现在 在 哪儿？

23.

男： Nǐ bú shì yǒu hěn duō yīfu ma? Hái yào mǎi a?
你 不 是 有 很 多 衣服 吗？还 要 买 啊？

女： Qùnián de yīfu dōu xiǎo le, bù néng chuān le.
去年 的 衣服 都 小 了，不 能 穿 了。

问： Nǚ de wèi shénme bù xiǎng chuān qùnián de yīfu?
女 的 为 什么 不 想 穿 去年 的 衣服？

24.

男： Nǐ tīngguo zhège gē ma? Zhēn hǎotīng.
你 听过 这个 歌 吗？真 好听。

女： Wǒ yě xǐhuan, wǒ hái huì chàng ne.
我 也 喜欢，我 还 会 唱 呢。

问： Nǚ de shì shénme yìsi?
女 的 是 什么 意思？

25.

女： Jīn wǎn bié qù kàn diànyǐng le, míngtiān hái yǒu kǎoshì ne.
今晚 别 去 看 电影 了，明天 还 有 考试 呢。

男： Méi guānxi, wǒ yǐjīng zhǔnbèi hǎo le.
没 关系，我 已经 准备 好 了。

问： Nán de jīnwǎn xiǎng zuò shénme?
男 的 今晚 想 做 什么？

26.

男： Wǒmen míngtiān qù yīyuàn kànkan Xiǎo Zhāng ba.
我们 明天 去 医院 看看 小 张 吧。

女： Tā zuótiān jiù chū yuàn le, wǒmen qù tā jiā ba.
他 昨天 就 出 院 了，我们 去 他 家 吧。

问： Xiǎo Zhāng xiànzài zài nǎr?
小 张 现在 在 哪儿？

27.

男： Wǒ chuáng shang de yīfu nǎr qù le?
我 床 上 的 衣服 哪儿 去 了？

女： Zài xǐyījī li, zhèng xǐzhe ne.
在 洗衣机 里，正 洗着 呢。

问： Yīfu zài nǎr?
衣服 在 哪儿？

28.

男： 李 小姐　旁边　那个人是她　丈夫　吗？
Lǐ xiǎojiě pángbiān nàge rén shì tā zhàngfu ma?

女： 不 是，是 她 哥哥。
Bú shì, shì tā gēge.

问： 李 小姐　旁边　那个人是 谁？
Lǐ xiǎojiě pángbiān nàge rén shì shéi?

29.

女： 我 来 介绍 一下，这 是 我 的　朋友　小明。
Wǒ lái jièshào yíxià, zhè shì wǒ de péngyou Xiǎomíng.

男： 我们 很 早 就 认识 了，我们 是　同学。
Wǒmen hěn zǎo jiù rènshi le, wǒmen shì tóngxué.

问： 男 的 是 什么　时候 认识　小明　的？
Nán de shì shénme shíhou rènshi Xiǎomíng de?

30.

男： 饭 做好 了 吗？我 还 要 去 上　班 呢。
Fàn zuòhǎo le ma? Wǒ hái yào qù shàng bān ne.

女： 还 没 呢。你 来　帮帮　我。
Hái méi ne. Nǐ lái bāngbang wǒ.

问： 女 的 是 什么 意思？
Nǚ de shì shénme yìsi?

第四 部分
Dì-sì bùfen

一共 5 个题，每 题 听　两　次。
Yígòng 5 ge tí, měi tí tīng liǎng cì.

例如：
Lìrú:

女： 请 在 这儿 写 您 的 名字。
Qǐng zài zhèr xiě nín de míngzi.

男： 是 这儿 吗？
Shì zhèr ma?

女： 不 是，是 这儿。
Bú shì, shì zhèr.

男： 好，谢谢。
Hǎo, xièxie.

问： 男 的 要 写 什么？
Nán de yào xiě shénme?

Xiànzài kāishǐ dì 31 tí:
现在 开始 第31题：

31.

Nín hǎo, qǐngwèn nín qù nǎr?
男: 您 好， 请问 您 去 哪儿？

Huǒchēzhàn, duō cháng shíjiān néng dào?
女: 火车站， 多 长 时间 能 到？

Wǒ yě bù zhīdào, zhège shíhou lù shang chē hěn duō.
男: 我 也 不 知道， 这个 时候 路 上 车 很 多。

Cóng Běijīng Yīyuàn nàbian zǒu kěnéng yào kuài yìxiē.
女: 从 北京 医院 那边 走 可能 要 快 一些。

Tāmen zuì kěnéng zài nǎr?
问: 他们 最 可能 在 哪儿？

32.

Xiǎo Lǐ qù nǎr le? Yǒu rén zhǎo tā.
男: 小李 去 哪儿 了？ 有 人 找 他。

Tā yǐjīng liǎng tiān méi lái shàng bān le.
女: 他 已经 两 天 没 来 上 班 了。

Tā zěnme le? Shēng bìng le?
男: 他 怎么 了？ 生 病 了？

Bú shì, tā jiā li yǒu shì.
女: 不 是，他 家里 有 事。

Xiǎo Lǐ wèi shénme méi lái?
问: 小李 为 什么 没 来？

33.

Nǐ shuō de nàge shāngdiàn zài nǎr? Wǒ méi zhǎodào.
女: 你 说 的 那个 商店 在 哪儿？ 我 没 找到。

Hěn hǎo zhǎo a, jiù zài kāfēiguǎnr pángbiān.
男: 很 好 找 啊，就 在 咖啡馆儿 旁边。

Wǒ wènle hěn duō rén, tāmen dōu bù zhīdào.
女: 我 问了 很 多 人，他们 都 不 知道。

Bù kěnéng ba? Wǒ míngtiān hé nǐ yìqǐ qù.
男: 不 可能 吧？我 明天 和 你 一起 去。

Nǚ de shì shénme yìsi?
问: 女 的 是 什么 意思？

34.

女： 张　先生，　机票 没 买到，　坐 火车 去 可以 吗？
Zhāng xiānsheng, jīpiào méi mǎidào, zuò huǒchē qù kěyǐ ma?

男： 没 问题，你 帮 我 买 一 张　火车票 吧。
Méi wèntí, nǐ bāng wǒ mǎi yì zhāng huǒchēpiào ba.

女： 好 的，买 什么　时间 的？
Hǎo de, mǎi shénme shíjiān de?

男： 明天　晚上　七 点 的。
Míngtiān wǎnshang qī diǎn de.

问： 张　先生 为 什么 没 坐 飞机？
Zhāng xiānsheng wèi shénme méi zuò fēijī?

35.

女： 这 手机 真　漂亮，　你 买 的？
Zhè shǒujī zhēn piàoliang, nǐ mǎi de?

男： 我 姐姐 送给 我 的，我 不 怎么 喜欢。
Wǒ jiějie sònggěi wǒ de, wǒ bù zěnme xǐhuan.

女： 为 什么？ 我 觉得 很 不错 啊。
Wèi shénme? Wǒ juéde hěn búcuò a.

男： 我 不 喜欢　红色 的。
Wǒ bù xǐhuan hóngsè de.

问： 男 的 为　什么 不 喜欢 这个 手机？
Nán de wèi shénme bù xǐhuan zhège shǒujī?

听力 考试　现在　结束。
Tīnglì kǎoshì xiànzài jiéshù.

中文水平考试 HSK（二级）全真模拟题 5 听力材料

（音乐，30秒，渐弱）

Dàjiā hǎo! Huānyíng cānjiā HSK　èrjí　kǎoshì.
大家 好！ 欢迎　参加 HSK（二级）考试。
Dàjiā hǎo! Huānyíng cānjiā HSK　èrjí　kǎoshì.
大家 好！ 欢迎　参加 HSK（二级）考试。
Dàjiā hǎo! Huānyíng cānjiā HSK　èrjí　kǎoshì.
大家 好！ 欢迎　参加 HSK（二级）考试。

HSK　èrjí　tīnglì kǎoshì fēn sì bùfen, gòng 35 tí.
HSK（二级）听力 考试 分 四 部分，共　35 题。
Qǐng dàjiā zhùyì, tīnglì kǎoshì xiànzài kāishǐ.
请 大家 注意，听力 考试 现在 开始。

Dì-yī bùfen
第一 部分

Yígòng 10 ge tí, měi tí tīng liǎng cì.
一共 10个 题，每 题 听 两 次。

Lìrú: Wǒmen jiā yǒu sān ge rén.
例如：我们 家 有 三 个 人。

Wǒ měi tiān zuò gōnggòng qìchē qù shàng bān.
我 每 天 坐 公共 汽车 去 上 班。

Xiànzài kāishǐ dì 1 tí:
现在 开始 第 1 题：

Dìdi hěn xǐhuan xiǎo gǒu.
1. 弟弟 很 喜欢 小 狗。

Wǒ yě huì xǐ yīfu le.
2. 我 也 会 洗 衣服 了。

Jīntiān tiānqì fēicháng rè.
3. 今天 天气 非常 热。

Péngyou shēng bìng le, wǒ qù yīyuàn kàn tā.
4. 朋友 生 病 了，我 去 医院 看 他。

Lǎoshī, zhège wèntí wǒ lái shuō ba.
5. 老师，这个 问题 我 来 说 吧。

Háizi wèn māma, nà shì shénme?

6. 孩子 问 妈妈，那 是 什么？

Zhè jiàn yīfu hěn piàoliang.

7. 这 件 衣服 很 漂亮。

Tài lèi le, wǒ xiǎng shuì jiào.

8. 太累了，我 想 睡 觉。

Chàng de zhēn hǎo, zài lái yí ge.

9. 唱 得 真 好，再来一个。

Huǒchēzhàn yǒu hěn duō rén.

10. 火车站 有 很 多人。

Dì-èr bùfen
第二 部分

Yígòng 10 ge tí, měi tí tīng liǎng cì.
一共 10 个题，每 题 听 两 次。

Lìrú:
例如:

Nǐ xǐhuan shénme yùndòng?
男:你 喜欢 什么 运动？

Wǒ zuì xǐhuan tī zúqiú.
女:我 最 喜欢 踢 足球。

Xiànzài kāishǐ dì 11 tí:
现在 开始 第11题：

11.

Nǐ érzi zhǎodào gōngzuò le ma?
男:你 儿子 找到 工作 了 吗？

Zhǎodào le, tā zài yīyuàn gōngzuò.
女: 找到 了，他 在 医院 工作。

12.

Wǒ juéde zhè běn shū búcuò, nǐ juéde ne?
女:我 觉得 这 本 书 不错，你 觉得 呢？

Wǒ hái méi kāishǐ kàn ne.
男:我 还 没 开始 看 呢。

13.

女：你 去 商店 买了 什么？
Nǐ qù shāngdiàn mǎile shénme?

男：我买了一个 手表。
Wǒ mǎile yí ge shǒubiǎo.

14.

女：你 最 爱 吃 什么 菜？
Nǐ zuì ài chī shénme cài?

男：我 最 爱 吃 鱼。
Wǒ zuì ài chī yú.

15.

女：明天 天气 怎么样？
Míngtiān tiānqì zěnmeyàng?

男：可能 要 下 雪。
Kěnéng yào xià xuě.

16.

女：明天 一起去 唱 歌 怎么样？
Míngtiān yìqǐ qù chàng gē zěnmeyàng?

男：太 好 了， 明天 见。
Tài hǎo le, míngtiān jiàn.

17.

男：有 人 来 了，快 去 开 门。
Yǒu rén lái le, kuài qù kāi mén.

女：你 为 什么 不去？我 在 洗 衣服 呢。
Nǐ wèi shénme bú qù? Wǒ zài xǐ yīfu ne.

18.

男：下 雪 了，真 冷 啊。
Xià xuě le, zhēn lěng a.

女：你 穿 得 太 少 了，所以 觉得 冷。
Nǐ chuān de tài shǎo le, suǒyǐ juéde lěng.

19.

男：你 要 不 要 去 医院？
Nǐ yào bu yào qù yīyuàn?

女：没 事，我 休息 休息 就 好 了。
Méi shì, wǒ xiūxi xiūxi jiù hǎo le.

20.

Wǒ juéde zhè jiàn bǐ nà jiàn piàoliang.
女： 我 觉得 这 件 比 那 件 漂亮。

Dànshì zhè jiàn tài guì le.
男： 但是 这 件 太 贵 了。

Dì-sān bùfen
第三 部分

Yígòng 10 ge tí, měi tí tīng liǎng cì.
一共 10 个 题，每 题 听 两 次。

Lìrú：
例如：

Xiǎo Wáng, zhèli yǒu jǐ ge bēizi, nǎge shì nǐ de?
男： 小 王，这里 有 几 个杯子，哪个 是 你 的？

Zuǒbian nàge hóngsè de shì wǒ de.
女： 左边 那个 红色 的 是 我 的。

Xiǎo Wáng de bēizi shì shénme yánsè de?
问： 小 王 的 杯子 是 什么 颜色 的？

Xiànzài kāishǐ dì 21 tí:
现在 开始 第 21 题：

21.

Xià bān le, zěnme hái bù huí jiā?
女： 下 班 了，怎么 还 不 回 家？

Wǒ děng Xiǎo Zhāng yìqǐ huíqu.
男： 我 等 小 张 一起 回去。

Nán de wèi shénme hái bù huí jiā?
问： 男 的 为 什么 还 不 回 家？

22.

Māma, nǐ gěi wǒ mǎi de nà běn shū zài nǎr?
男： 妈妈，你 给 我 买 的 那 本 书 在 哪儿？

Nǐ qù kànkan chuáng shang yǒu méiyǒu.
女： 你 去 看看 床 上 有 没有。

Nán de zài zuò shénme?
问： 男 的 在 做 什么？

— 132 —

23.

　　　Zhè shì wǒ zuò de cài, xīwàng nǐ néng xǐhuan.
女：这 是 我 做 的 菜，希望 你 能 喜欢。

　　　Tài hǎochī le, bǐ fàndiàn zuò de hái hǎo.
男：太 好吃 了，比 饭店 做 得 还 好。

　　　Nán de shì shénme yìsi?
问：男 的 是 什么 意思？

24.

　　　Wǒ kǎo de bú tài hǎo.
女：我 考 得 不 太 好。

　　　Méi guānxi, xià cì zài hǎohāor zhǔnbèi.
男：没 关系，下 次 再 好好儿 准备。

　　　Nǚ de zěnme le?
问：女 的 怎么 了？

25.

　　　Nǐmen gōngsī yǒu ge jiào Lǐ Míng de ma?
男：你们 公司 有 个 叫 李 明 的 吗？

　　　Wǒmen gōngsī yǒu liǎng ge Lǐ Míng, nǐ shuō de shì nǎge?
女：我们 公司 有 两 个 李 明，你 说 的 是 哪个？

　　　Nǚ de shì shénme yìsi?
问：女 的 是 什么 意思？

26.

　　　Nǐ zěnme le? Yì tiān méi chī fàn le.
男：你 怎么 了？一 天 没 吃 饭 了。

　　　Tiān tài rè, bù xiǎng chī.
女：天 太 热，不 想 吃。

　　　Nǚ de wèi shénme bù chī fàn?
问：女 的 为 什么 不 吃 饭？

27.

　　　Zhè jiā shāngdiàn de yǐzi hěn piányi, yào bú yào mǎi liǎng ge?
女：这 家 商店 的 椅子 很 便宜，要 不 要 买 两 个？

　　　Xià cì mǎi ba, qián bù duō le.
男：下 次 买 吧，钱 不 多 了。

　　　Nán de wèi shénme bù xiǎng mǎi yǐzi?
问：男 的 为 什么 不 想 买 椅子？

28.

女： 我 怎么 不 知道 这 件 事？
Wǒ zěnme bù zhīdào zhè jiàn shì?

男： 对不起，李 小姐， 张 先生 让 我 别 告诉 你。
Duìbuqǐ, Lǐ xiǎojiě, Zhāng xiānsheng ràng wǒ bié gàosu nǐ.

问： 谁 不 想 让 女 的 知道 这 件 事？
Shéi bù xiǎng ràng nǚ de zhīdào zhè jiàn shì?

29.

女： 现在 已经 七 点 二十 了。
Xiànzài yǐjīng qī diǎn èrshí le.

男： 还 有 二十五 分钟 电影 就 开始 了。
Hái yǒu èrshíwǔ fēnzhōng diànyǐng jiù kāishǐ le.

问： 电影 什么 时候 开始？
Diànyǐng shénme shíhou kāishǐ?

30.

男： 你 明天 什么 时候 在 家？我 去 找 你。
Nǐ míngtiān shénme shíhou zài jiā? Wǒ qù zhǎo nǐ.

女： 下午 四点 前 都 可以。
Xiàwǔ sì diǎn qián dōu kěyǐ.

问： 女 的 什么 时候 可能 不 在 家？
Nǚ de shénme shíhou kěnéng bú zài jiā?

第四 部分
Dì-sì bùfen

一共 5 个 题，每 题 听 两 次。
Yígòng 5 ge tí, měi tí tīng liǎng cì.

例如：
Lìrú:

女： 请 在 这儿 写 您 的 名字。
Qǐng zài zhèr xiě nín de míngzi.

男： 是 这儿 吗？
Shì zhèr ma?

女： 不 是，是 这儿。
Bú shì, shì zhèr.

男： 好，谢谢。
Hǎo, xièxie.

问： 男 的 要 写 什么？
Nán de yào xiě shénme?

31.

　　Fúwùyuán, wǒ yào zhège cài.
男： 服务员，我 要 这个 菜。

　　Zuò zhège cài kěnéng shíjiān yào cháng xiē.
女： 做 这个 菜 可能 时间 要 长 些。

　　Nà zhège ne?
男： 那 这个 呢？

　　Zhège cài hěn kuài jiù néng hǎo.
女： 这个 菜 很 快 就 能 好。

　　Nǚ de zuì kěnéng zài nǎr gōngzuò?
问： 女 的 最 可能 在 哪儿 工作？

32.

　　Nǐ hǎo, nǐ jiào shénme míngzi?
男： 你 好，你 叫 什么 名字？

　　Wǒ xìng Wáng, jiào Xiǎoxuě.
女： 我 姓 王，叫 小雪。

　　Nǐ wèi shénme jiào zhège míngzi?
男： 你 为 什么 叫 这个 名字？

　　Yīnwèi wǒ māma shēng wǒ de nà tiān xià xuě le.
女： 因为 我 妈妈 生 我 的 那 天 下 雪 了。

　　Nán de zài wèn nǚ de shénme wèntí?
问： 男 的 在 问 女 的 什么 问题？

33.

　　Xiānsheng, nín kàn zhège fángjiān kěyǐ ma?
女： 先生， 您 看 这个 房间 可以 吗？

　　Zhège fángjiān búcuò, duōshao qián?
男： 这个 房间 不错，多少 钱？

　　Yì tiān liǎng bǎi liùshí kuài, nín zhǔnbèi zhù jǐ tiān?
女： 一 天 两 百 六十 块，您 准备 住 几 天？

　　Wǒ yào zhù sān tiān.
男： 我 要 住 三 天。

　　Tāmen zuì kěnéng zài nǎr?
问： 他们 最 可能 在 哪儿？

34.

男： Wǒ kěyǐ zuò nǐ pángbiān ma?
我 可以 坐 你 旁边 吗？

女： Kěyǐ, zuò ba. Zhèr méi rén.
可以，坐 吧。这儿 没 人。

男： Xièxie. Nǐ yě shì lái zhè jiā gōngsī zhǎo gōngzuò de?
谢谢。你 也 是 来 这 家 公司 找 工作 的？

女： Bú shì. Wǒ zài děng wǒ péngyou.
不 是。我 在 等 我 朋友。

问： Nán de shì lái zuò shénme de?
男 的 是 来 做 什么 的？

35.

女： Bù zǎo le, kuài lái chī fàn ba.
不 早 了，快 来 吃 饭 吧。

男： Wǒ kànwán bàozhǐ zài chī.
我 看完 报纸 再 吃。

女： Yǐjīng qī diǎn wǔshí le, nǐ bú qù shàng bān le ma?
已经 七 点 五十 了，你 不 去 上 班 了 吗？

男： Jīntiān wǒ bú shàng bān.
今天 我 不 上 班。

问： Nán de xiànzài zài zuò shénme?
男 的 现在 在 做 什么？

Tīnglì kǎoshì xiànzài jiéshù.
听力 考试 现在 结束。

中文水平考试 HSK（二级）全真模拟题

答 案

中文水平考试 HSK（二级）全真模拟题 1 答案

一、听 力

第 一 部 分

1. √	2. ×	3. √	4. √	5. ×
6. ×	7. √	8. ×	9. √	10. ×

第 二 部 分

11. B	12. A	13. C	14. F	15. E
16. C	17. A	18. D	19. B	20. E

第 三 部 分

21. C	22. C	23. C	24. C	25. B
26. A	27. B	28. B	29. A	30. A

第 四 部 分

31. B	32. B	33. C	34. A	35. C

二、阅 读

第 一 部 分

36. E	37. F	38. A	39. C	40. B

第 二 部 分

41. D	42. F	43. C	44. A	45. B

第 三 部 分

46. ×	47. ×	48. √	49. √	50. ×

第 四 部 分

51. C	52. F	53. A	54. D	55. B
56. B	57. A	58. E	59. C	60. D

中文水平考试 HSK（二级）全真模拟题 2 答案

一、听　力

第 一 部 分

1. ✓　　　　2. ✗　　　　3. ✗　　　　4. ✗　　　　5. ✗
6. ✓　　　　7. ✓　　　　8. ✓　　　　9. ✗　　　　10. ✗

第 二 部 分

11. B　　　12. A　　　13. C　　　14. F　　　15. E
16. C　　　17. B　　　18. A　　　19. D　　　20. E

第 三 部 分

21. B　　　22. A　　　23. B　　　24. B　　　25. C
26. C　　　27. B　　　28. A　　　29. A　　　30. A

第 四 部 分

31. C　　　32. A　　　33. C　　　34. A　　　35. B

二、阅　读

第 一 部 分

36. F　　　37. C　　　38. B　　　39. A　　　40. E

第 二 部 分

41. B　　　42. D　　　43. A　　　44. F　　　45. C

第 三 部 分

46. ✓　　　47. ✓　　　48. ✗　　　49. ✗　　　50. ✗

第 四 部 分

51. F　　　52. D　　　53. A　　　54. B　　　55. C
56. D　　　57. E　　　58. A　　　59. C　　　60. B

中文水平考试 HSK（二级）全真模拟题 3 答案

一、听 力

第 一 部 分

1. ×　　2. √　　3. √　　4. ×　　5. √
6. ×　　7. ×　　8. ×　　9. ×　　10. √

第 二 部 分

11. B　　12. E　　13. F　　14. C　　15. A
16. A　　17. C　　18. B　　19. D　　20. E

第 三 部 分

21. A　　22. B　　23. B　　24. A　　25. B
26. B　　27. B　　28. C　　29. B　　30. C

第 四 部 分

31. C　　32. B　　33. A　　34. C　　35. B

二、阅 读

第 一 部 分

36. E　　37. A　　38. B　　39. F　　40. C

第 二 部 分

41. F　　42. D　　43. B　　44. A　　45. C

第 三 部 分

46. ×　　47. ×　　48. ×　　49. √　　50. √

第 四 部 分

51. C　　52. F　　53. D　　54. A　　55. B
56. E　　57. C　　58. A　　59. B　　60. D

中文水平考试 HSK（二级）全真模拟题 4 答案

一、听 力

第 一 部 分

1. ✕   2. ✕   3. ✓   4. ✓   5. ✓
6. ✕   7. ✓   8. ✓   9. ✓   10. ✕

第 二 部 分

11. F   12. E   13. C   14. B   15. A
16. E   17. B   18. D   19. A   20. C

第 三 部 分

21. C   22. B   23. A   24. B   25. C
26. A   27. C   28. C   29. A   30. C

第 四 部 分

31. C   32. C   33. A   34. C   35. B

二、阅 读

第 一 部 分

36. F   37. E   38. A   39. B   40. C

第 二 部 分

41. B   42. F   43. A   44. D   45. C

第 三 部 分

46. ✕   47. ✕   48. ✕   49. ✓   50. ✓

第 四 部 分

51. F   52. C   53. B   54. A   55. D
56. C   57. A   58. B   59. E   60. D

中文水平考试 HSK（二级）全真模拟题 5 答案

一、听 力

第 一 部 分

1. ✕   2. ✕   3. ✓   4. ✓   5. ✓
6. ✓   7. ✕   8. ✓   9. ✕   10. ✕

第 二 部 分

11. B   12. A   13. F   14. C   15. E
16. A   17. E   18. D   19. B   20. C

第 三 部 分

21. B   22. C   23. A   24. A   25. C
26. C   27. B   28. C   29. C   30. C

第 四 部 分

31. A   32. A   33. A   34. B   35. C

二、阅 读

第 一 部 分

36. B   37. E   38. F   39. A   40. C

第 二 部 分

41. D   42. C   43. A   44. F   45. B

第 三 部 分

46. ✕   47. ✕   48. ✕   49. ✓   50. ✓

第 四 部 分

51. D   52. F   53. B   54. A   55. C
56. C   57. E   58. A   59. B   60. D

中文水平考试 HSK (二级)

音节·汉字·词汇·语法

中文水平考试 HSK（二级）音节

1. a

2. ān

3. bǎn

4. bǎo

5. bào

6. bì

7. biàn

8. biǎo

9. cái

10. cān

11. cǎo

12. céng

13. chāo

14. chén

15. chēng

16. chéng

17. chóng

18. chǔ

19. chù

20. chuán

21. chuī

22. chūn

23. cí

24. dā

25. dài

26. dān

27. dāng

28. dǎo

29. dēng

30. dī

31. diào

32. dìng

33. dǒng

34. dù

35. duǎn

36. duàn

37. fā

38. fǎ

39. fà

40. fèn

41. fù

42. gāi

43. gǎi

44. gǎn

45. gāng

46. gèng

47. gòng

48. gǒu

49. gòu

50. gù

51. guàn

52. guǎng

53. guo

54. hǎi

55. hǎn

56. háng

57. hēi

58. hóng

59. hū

60. hú

61. hù

62. huàn

63. huáng

64. huó

65. huò

66. jí

67. jiǎ

68. jiǎn

69. jiǎng

70. jiǎo

71. jiē

72. jié

73. jǔ

74. jù

75. kǎ

76. kāng

77. kào

78. kē

79. kōng

80. kòng

81. kū

82. lā

83. lán

84. lè

85. lí

86. lì

87. liǎn

88. liàn

89. liáng

90. liàng

91. liú

92. lǚ

93. lù

94. lùn

95. mài

96. mǎn

97. māo

98. mò

99. mù

100. niǎo

101. nòng

102. nǔ

103. pá

104. pà

105. pài

106. pèng

107. piān

108. pián

109. piàn

110. píng

111. pǔ

112. qí

113. qiān

114. qiáng

115. qiě

116. qīng

117. qíng

118. qiū

119. qǔ

120. quán

121. què

122. rán

123. ràng

124. rú

125. rù

126. sè

127. shěng

128. shǐ

129. shōu

130. shóu

131. shòu

132. shú

133. shǔ

134. shùn

135. sī

136. suàn

137. suī

138. suí

139. suǒ

140. táng

141. tǎo

142. tào

143. tè

144. téng

145. tí

146. tiě

147. tíng

148. tǐng

149. tōng

150. tóu

151. tuī

152. tuǐ

153. wàn

154. wáng

155. wéi

156. wèi

157. wēn

158. wù

159. xiāng

160. xiàng

161. xié

162. xìn

163. xū

164. xǔ

165. xuǎn

166. xuě

167. yán

168. yǎn

169. yáng

170. yǎng

171. yāo

172. yí

173. yǐ

174. yì

175. yīn

176. yín

177. yìn

178. yīng

179. yíng

180. yìng

181. yǒng

182. yóu

183. yú

184. yù

185. yún

186. yùn

187. zán

188. zāng

189. zhǎng

190. zhào

191. zhě

192. zhí

193. zhǐ

194. zhōu

195. zhǔ

196. zhuāng

197. zū

198. zǔ

199. zuǐ

中文水平考试 HSK（二级）汉字

1. 啊

2. 安

3. 般

4. 板

5. 办

6. 饱

7. 报

8. 背

9. 笔

10. 必

11. 变

12. 便

13. 通

14. 表

15. 部

16. 才

17. 参

18. 餐

19. 草

20. 层

21. 查

22. 长

23. 超

24. 晨

25. 称

26. 成

27. 楚

28. 处

29. 船

30. 吹

31. 春

32. 词

33. 带

34. 单

35. 但

36. 当

37. 倒

38. 灯

39. 低

40. 典

41. 掉

42. 定

43. 冬

44. 懂

45. 度

46. 短

47. 段

48. 队

49. 而

50. 发

51. 法

52. 份

53. 封

54. 复

55. 该

56. 改

57. 感

58. 刚

59. 更

60. 公

61. 共

62. 狗

63. 够

64. 故

65. 顾

66. 观

67. 惯

68. 广

69. 海

70. 喊

71. 合

72. 河

73. 黑

74. 红

75. 忽

76. 湖

77. 护

78. 划

79. 画

80. 换

81. 黄

82. 活

83. 或

84. 级

85. 急

86. 己

87. 计

88. 际

89. 绩

90. 加

91. 检

92. 件

93. 健

94. 讲

95. 交

96. 角

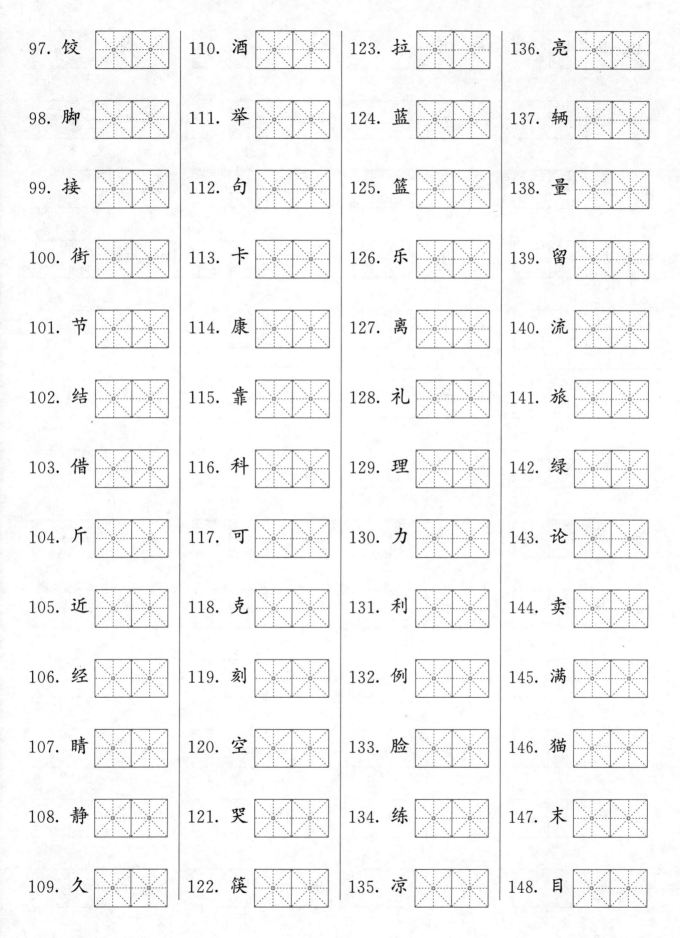

97. 饺

98. 脚

99. 接

100. 街

101. 节

102. 结

103. 借

104. 斤

105. 近

106. 经

107. 晴

108. 静

109. 久

110. 酒

111. 举

112. 句

113. 卡

114. 康

115. 靠

116. 科

117. 可

118. 克

119. 刻

120. 空

121. 哭

122. 筷

123. 拉

124. 蓝

125. 篮

126. 乐

127. 离

128. 礼

129. 理

130. 力

131. 利

132. 例

133. 脸

134. 练

135. 凉

136. 亮

137. 辆

138. 量

139. 留

140. 流

141. 旅

142. 绿

143. 论

144. 卖

145. 满

146. 猫

147. 末

148. 目

149. 鸟		162. 其		175. 全		188. 市	
150. 弄		163. 骑		176. 确		189. 适	
151. 努		164. 千		177. 然		190. 室	
152. 爬		165. 墙		178. 让		191. 收	
153. 怕		166. 且		179. 如		192. 受	
154. 排		167. 青		180. 入		193. 舒	
155. 碰		168. 轻		181. 色		194. 熟	
156. 篇		169. 清		182. 声		195. 数	
157. 片		170. 情		183. 省		196. 顺	
158. 漂		171. 晴		184. 实		197. 司	
159. 平		172. 秋		185. 食		198. 思	
160. 瓶		173. 求		186. 使		199. 算	
161. 普		174. 取		187. 示		200. 虽	

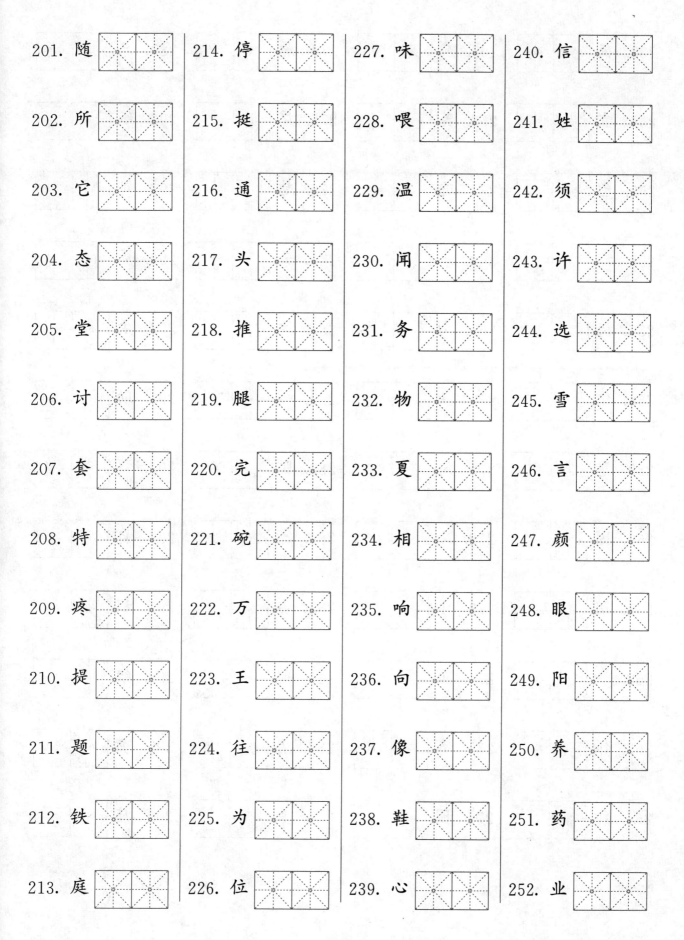

201. 随	214. 停	227. 味	240. 信
202. 所	215. 挺	228. 喂	241. 姓
203. 它	216. 通	229. 温	242. 须
204. 态	217. 头	230. 闻	243. 许
205. 堂	218. 推	231. 务	244. 选
206. 讨	219. 腿	232. 物	245. 雪
207. 套	220. 完	233. 夏	246. 言
208. 特	221. 碗	234. 相	247. 颜
209. 疼	222. 万	235. 响	248. 眼
210. 提	223. 王	236. 向	249. 阳
211. 题	224. 往	237. 像	250. 养
212. 铁	225. 为	238. 鞋	251. 药
213. 庭	226. 位	239. 心	252. 业

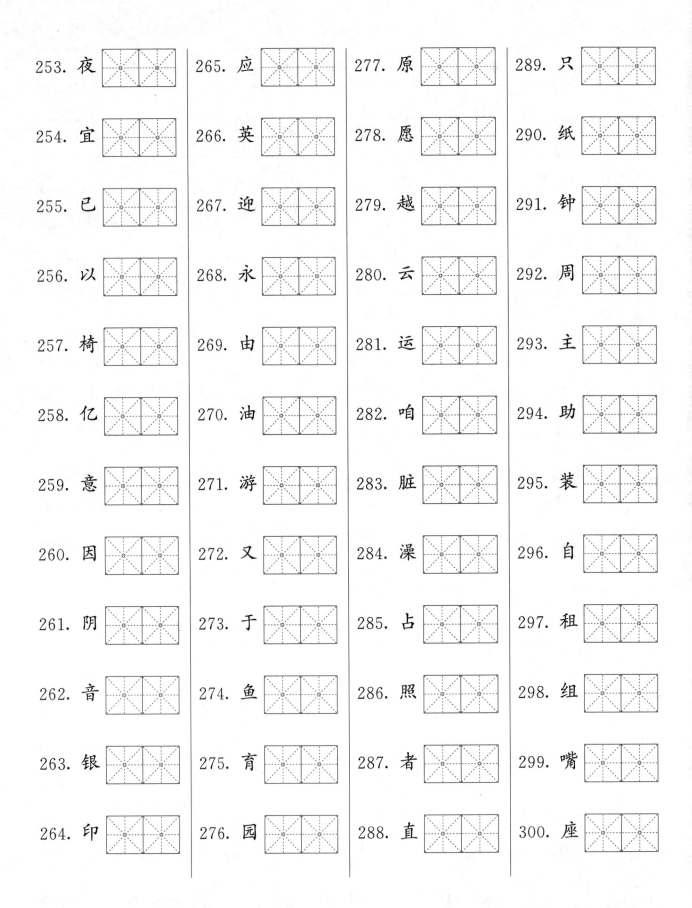

253. 夜

254. 宜

255. 已

256. 以

257. 椅

258. 亿

259. 意

260. 因

261. 阴

262. 音

263. 银

264. 印

265. 应

266. 英

267. 迎

268. 永

269. 由

270. 油

271. 游

272. 又

273. 于

274. 鱼

275. 育

276. 园

277. 原

278. 愿

279. 越

280. 云

281. 运

282. 咱

283. 脏

284. 澡

285. 占

286. 照

287. 者

288. 直

289. 只

290. 纸

291. 钟

292. 周

293. 主

294. 助

295. 装

296. 自

297. 租

298. 组

299. 嘴

300. 座

中文水平考试 HSK（二级）词汇

1. 啊	a	_____	30. 不错	búcuò	_____
2. 爱情	àiqíng	_____	31. 不但	búdàn	_____
3. 爱人	àiren	_____	32. 不够	búgòu	_____
4. 安静	ānjìng	_____	33. 不过	búguò	_____
5. 安全	ānquán	_____	34. 不太	bútài	_____
6. 白色	báisè	_____	35. 不要	búyào	_____
7. 班长	bānzhǎng	_____	36. 不好意思	bù hǎoyìsi	_____
8. 办	bàn	_____	37. 不久	bùjiǔ	_____
9. 办法	bànfǎ	_____	38. 不满	bùmǎn	_____
10. 办公室	bàngōngshì	_____	39. 不如	bùrú	_____
11. 半夜	bànyè	_____	40. 不少	bù shǎo	_____
12. 帮助	bāngzhù	_____	41. 不同	bù tóng	_____
13. 饱	bǎo	_____	42. 不行	bùxíng	_____
14. 报名	bào∥míng	_____	43. 不一定	bùyídìng	_____
15. 报纸	bàozhǐ	_____	44. 不一会儿	bùyíhuìr	_____
16. 北方	běifāng	_____	45. 部分	bùfen	_____
17. 背（动）	bèi	_____	46. 才（副）	cái	_____
18. 比如	bǐrú	_____	47. 菜单	càidān	_____
19. 比如说	bǐrú shuō	_____	48. 参观	cānguān	_____
20. 笔	bǐ	_____	49. 参加	cānjiā	_____
21. 笔记	bǐjì	_____	50. 草	cǎo	_____
22. 笔记本	bǐjìběn	_____	51. 草地	cǎodì	_____
23. 必须	bìxū	_____	52. 层	céng	_____
24. 边	biān	_____	53. 查	chá	_____
25. 变	biàn	_____	54. 差不多	chàbuduō	_____
26. 变成	biànchéng	_____	55. 长	cháng	_____
27. 遍	biàn	_____	56. 常见	cháng jiàn	_____
28. 表	biǎo	_____	57. 常用	cháng yòng	_____
29. 表示	biǎoshì	_____	58. 场	chǎng	_____

59. 超过	chāoguò	_____	91. 大多数	dàduōshù	_____
60. 超市	chāoshì	_____	92. 大海	dàhǎi	_____
61. 车辆	chēliàng	_____	93. 大家	dàjiā	_____
62. 称¹（动）	chēng	_____	94. 大量	dàliàng	_____
63. 成（动）	chéng	_____	95. 大门	dàmén	_____
64. 成绩	chéngjì	_____	96. 大人	dàren	_____
65. 成为	chéngwéi	_____	97. 大声	dà shēng	_____
66. 重复	chóngfù	_____	98. 大小	dàxiǎo	_____
67. 重新	chóngxīn	_____	99. 大衣	dàyī	_____
68. 出发	chūfā	_____	100. 大自然	dàzìrán	_____
69. 出国	chū∥guó	_____	101. 带	dài	_____
70. 出口（名）	chūkǒu	_____	102. 带来	dài·lái	_____
71. 出门	chū∥mén	_____	103. 单位	dānwèi	_____
72. 出生	chūshēng	_____	104. 但	dàn	_____
73. 出现	chūxiàn	_____	105. 但是	dànshì	_____
74. 出院	chū∥yuàn	_____	106. 蛋	dàn	_____
75. 出租	chūzū	_____	107. 当	dāng	_____
76. 出租车	chūzūchē	_____	108. 当时	dāngshí	_____
77. 船	chuán	_____	109. 倒	dǎo	_____
78. 吹	chuī	_____	110. 到处	dàochù	_____
79. 春节	Chūnjié	_____	111. 倒	dào	_____
80. 春天	chūntiān	_____	112. 道	dào	_____
81. 词	cí	_____	113. 道理	dào·lǐ	_____
82. 词典	cídiǎn	_____	114. 道路	dàolù	_____
83. 词语	cíyǔ	_____	115. 得	dé	_____
84. 从小	cóngxiǎo	_____	116. 得出	déchū	_____
85. 答应	dāying	_____	117. 的话	dehuà	_____
86. 打工	dǎ∥gōng	_____	118. 得	de	_____
87. 打算	dǎ·suàn	_____	119. 灯	dēng	_____
88. 打印	dǎyìn	_____	120. 等（助、名）	děng	_____
89. 大部分	dàbùfen	_____	121. 等到	děngdào	_____
90. 大大	dàdà	_____	122. 等于	děngyú	_____

123.	低	dī	_____	155.	发现	fāxiàn	_____
124.	地球	dìqiú	_____	156.	饭馆	fànguǎn	_____
125.	地铁	dìtiě	_____	157.	方便	fāngbiàn	_____
126.	地铁站	dìtiězhàn	_____	158.	方便面	fāngbiànmiàn	_____
127.	点头	diǎn//tóu	_____	159.	方法	fāngfǎ	_____
128.	店	diàn	_____	160.	方面	fāngmiàn	_____
129.	掉	diào	_____	161.	方向	fāngxiàng	_____
130.	东北	dōngběi	_____	162.	放下	fàngxia	_____
131.	东方	dōngfāng	_____	163.	放心	fàng//xīn	_____
132.	东南	dōngnán	_____	164.	分（动）	fēn	_____
133.	冬天	dōngtiān	_____	165.	分开	fēn//kāi	_____
134.	懂	dǒng	_____	166.	分数	fēnshù	_____
135.	懂得	dǒngde	_____	167.	分钟	fēnzhōng	_____
136.	动物	dòngwù	_____	168.	份	fèn	_____
137.	动物园	dòngwùyuán	_____	169.	封（量）	fēng	_____
138.	读音	dúyīn	_____	170.	服务	fúwù	_____
139.	度	dù	_____	171.	复习	fùxí	_____
140.	短	duǎn	_____	172.	该（动）	gāi	_____
141.	短信	duǎnxìn	_____	173.	改	gǎi	_____
142.	段	duàn	_____	174.	改变	gǎibiàn	_____
143.	队	duì	_____	175.	干杯	gān//bēi	_____
144.	队长	duìzhǎng	_____	176.	感到	gǎndào	_____
145.	对（介、动）	duì	_____	177.	感动	gǎndòng	_____
146.	对话	duìhuà	_____	178.	感觉	gǎnjué	_____
147.	对面	duìmiàn	_____	179.	感谢	gǎnxiè	_____
148.	多（副）	duō	_____	180.	干活儿	gàn//huór	_____
149.	多久	duōjiǔ	_____	181.	刚	gāng	_____
150.	多么	duōme	_____	182.	刚才	gāngcái	_____
151.	多数	duōshù	_____	183.	刚刚	gānggāng	_____
152.	多云	duōyún	_____	184.	高级	gāojí	_____
153.	而且	érqiě	_____	185.	高中	gāozhōng	_____
154.	发	fā	_____	186.	个子	gèzi	_____

187.	更	gèng	_____
188.	公共汽车	gōnggòng qìchē	_____
189.	公交车	gōngjiāochē	_____
190.	公斤	gōngjīn	_____
191.	公里	gōnglǐ	_____
192.	公路	gōnglù	_____
193.	公平	gōngpíng	_____
194.	公司	gōngsī	_____
195.	公园	gōngyuán	_____
196.	狗	gǒu	_____
197.	够	gòu	_____
198.	故事	gùshi	_____
199.	故意	gùyì	_____
200.	顾客	gùkè	_____
201.	关机	guān//jī	_____
202.	关心	guānxīn	_____
203.	观点	guāndiǎn	_____
204.	广场	guǎngchǎng	_____
205.	广告	guānggào	_____
206.	国际	guójì	_____
207.	过来	guò·lái	_____
208.	过年	guò//nián	_____
209.	过去（动）	guò·qù	_____
210.	过	guo	_____
211.	海	hǎi	_____
212.	海边	hǎi biān	_____
213.	喊	hǎn	_____
214.	好（副）	hǎo	_____
215.	好处	hǎochù	_____
216.	好多	hǎoduō	_____
217.	好久	hǎojiǔ	_____

218.	好人	hǎorén	_____
219.	好事	hǎoshì	_____
220.	好像	hǎoxiàng	_____
221.	合适	héshì	_____
222.	河	hé	_____
223.	黑	hēi	_____
224.	黑板	hēibǎn	_____
225.	黑色	hēisè	_____
226.	红	hóng	_____
227.	红色	hóngsè	_____
228.	后来	hòulái	_____
229.	忽然	hūrán	_____
230.	湖	hú	_____
231.	护照	hùzhào	_____
232.	花（动）	huā	_____
233.	花园	huāyuán	_____
234.	画	huà	_____
235.	画家	huàjiā	_____
236.	画儿	huàr	_____
237.	坏处	huàichù	_____
238.	坏人	huàirén	_____
239.	欢迎	huānyíng	_____
240.	换	huàn	_____
241.	黄	huáng	_____
242.	黄色	huángsè	_____
243.	回（量）	huí	_____
244.	回国	huí guó	_____
245.	会（名）	huì	_____
246.	活动	huódòng	_____
247.	或	huò	_____
248.	或者	huòzhě	_____
249.	机会	jī·huì	_____

250. 鸡	jī	_____
251. 级	jí	_____
252. 急	jí	_____
253. 计划	jìhuà	_____
254. 计算机	jìsuànjī	_____
255. 加	jiā	_____
256. 加油	jiā//yóu	_____
257. 家（科学家）jiā（kēxuéjiā）		_____
258. 家庭	jiātíng	_____
259. 家长	jiāzhǎng	_____
260. 假	jiǎ	_____
261. 假期	jiàqī	_____
262. 检查	jiǎnchá	_____
263. 见到	jiàndào	_____
264. 见过	jiànguo	_____
265. 件	jiàn	_____
266. 健康	jiànkāng	_____
267. 讲	jiǎng	_____
268. 讲话	jiǎng//huà	_____
269. 交	jiāo	_____
270. 交给	jiāo gěi	_____
271. 交朋友	jiāo péngyou	_____
272. 交通	jiāotōng	_____
273. 角	jiǎo	_____
274. 角度	jiǎodù	_____
275. 饺子	jiǎozi	_____
276. 脚	jiǎo	_____
277. 叫作	jiàozuò	_____
278. 教师	jiàoshī	_____
279. 教室	jiàoshì	_____
280. 教学	jiàoxué	_____

281. 教育	jiàoyù	_____
282. 接	jiē	_____
283. 接到	jiēdào	_____
284. 接受	jiēshòu	_____
285. 接下来	jiē·xià·lái	_____
286. 接着	jiēzhe	_____
287. 街	jiē	_____
288. 节（名、量）jié		_____
289. 节目	jiémù	_____
290. 节日	jiérì	_____
291. 结果	jiéguǒ	_____
292. 借	jiè	_____
293. 斤	jīn	_____
294. 今后	jīnhòu	_____
295. 进入	jìnrù	_____
296. 进行	jìnxíng	_____
297. 近	jìn	_____
298. 经常	jīngcháng	_____
299. 经过	jīngguò	_____
300. 经理	jīnglǐ	_____
301. 酒	jiǔ	_____
302. 酒店	jiǔdiàn	_____
303. 就要	jiùyào	_____
304. 举	jǔ	_____
305. 举手	jǔshǒu	_____
306. 举行	jǔxíng	_____
307. 句	jù	_____
308. 句子	jùzi	_____
309. 卡	kǎ	_____
310. 开机	kāi//jī	_____
311. 开心	kāixīn	_____
312. 开学	kāi//xué	_____

313.	看法	kàn·fǎ	_____	344.	离	lí	_____
314.	考生	kǎoshēng	_____	345.	离开	lí∥kāi	_____
315.	靠	kào	_____	346.	礼物	lǐwù	_____
316.	科	kē	_____	347.	里头	lǐtou	_____
317.	科学	kēxué	_____	348.	理想	lǐxiǎng	_____
318.	可爱	kě'ài	_____	349.	例如	lìrú	_____
319.	可能	kěnéng	_____	350.	例子	lìzi	_____
320.	可怕	kěpà	_____	351.	脸	liǎn	_____
321.	可是	kěshì	_____	352.	练	liàn	_____
322.	可以	kěyǐ	_____	353.	练习	liànxí	_____
323.	克	kè	_____	354.	凉	liáng	_____
324.	刻（量）	kè	_____	355.	凉快	liángkuai	_____
325.	客人	kè·rén	_____	356.	两（量）	liǎng	_____
326.	课堂	kètáng	_____	357.	亮	liàng	_____
327.	空气	kōngqì	_____	358.	辆	liàng	_____
328.	哭	kū	_____	359.	零下	líng xià	_____
329.	快餐	kuàicān	_____	360.	留	liú	_____
330.	快点儿	kuài diǎnr	_____	361.	留下	liúxia	_____
331.	快乐	kuàilè	_____	362.	留学生	liúxuéshēng	_____
332.	快要	kuàiyào	_____	363.	流	liú	_____
333.	筷子	kuàizi	_____	364.	流利	liúlì	_____
334.	拉	lā	_____	365.	流行	liúxíng	_____
335.	来自	láizì	_____	366.	路边	lù biān	_____
336.	蓝	lán	_____	367.	旅客	lǚkè	_____
337.	蓝色	lánsè	_____	368.	旅行	lǚxíng	_____
338.	篮球	lánqiú	_____	369.	旅游	lǚyóu	_____
339.	老（副）	lǎo	_____	370.	绿	lù	_____
340.	老（老王）	lǎo(Lǎo Wáng)	_____	371.	绿色	lùsè	_____
			_____	372.	卖	mài	_____
341.	老年	lǎonián	_____	373.	满	mǎn	_____
342.	老朋友	lǎo péngyou	_____	374.	满意	mǎnyì	_____
343.	老是	lǎo·shì	_____	375.	猫	māo	_____

376. 米（量）	mǐ	_____	407. 排（名、量）pái	_____
377. 面¹（名、量）miàn	_____	408. 排队	pái∥duì	_____
378. 面²（名）	miàn	_____	409. 排球	páiqiú	_____
379. 面前	miànqián	_____	410. 碰	pèng	_____
380. 名	míng	_____	411. 碰到	pèngdào	_____
381. 名称	míngchēng	_____	412. 碰见	pèng∥jiàn	_____
382. 名单	míngdān	_____	413. 篇	piān	_____
383. 明星	míngxīng	_____	414. 便宜	piányi	_____
384. 目的	mùdì	_____	415. 片	piàn	_____
385. 拿出	náchū	_____	416. 漂亮	piàoliang	_____
386. 拿到	nádào	_____	417. 平	píng	_____
387. 那（连）	nà	_____	418. 平安	píng'ān	_____
388. 那会儿	nàhuìr	_____	419. 平常	píngcháng	_____
389. 那么	nàme	_____	420. 平等	píngděng	_____
390. 那时候｜那时 nà shíhou｜nà shí		421. 平时	píngshí	_____
		422. 瓶	píng	_____
391. 那样	nàyàng	_____	423. 瓶子	píngzi	_____
392. 南方	nánfāng	_____	424. 普通	pǔtōng	_____
393. 难过	nánguò	_____	425. 普通话	pǔtōnghuà	_____
394. 难看	nánkàn	_____	426. 其他	qítā	_____
395. 难受	nánshòu	_____	427. 其中	qízhōng	_____
396. 难题	nántí	_____	428. 骑	qí	_____
397. 难听	nántīng	_____	429. 骑车	qí chē	_____
398. 能够	nénggòu	_____	430. 起飞	qǐfēi	_____
399. 年级	niánjí	_____	431. 气	qì	_____
400. 年轻	niánqīng	_____	432. 气温	qìwēn	_____
401. 鸟	niǎo	_____	433. 千	qiān	_____
402. 弄	nòng	_____	434. 千克	qiānkè	_____
403. 努力	nǔlì	_____	435. 前年	qiánnián	_____
404. 爬	pá	_____	436. 墙	qiáng	_____
405. 爬山	pá shān	_____	437. 青年	qīngnián	_____
406. 怕（动）	pà	_____	438. 青少年	qīng-shàonián	_____

439.	轻	qīng	_____	471.	商人	shāngrén	_____
440.	清楚	qīngchu	_____	472.	上周	shàng zhōu	_____
441.	晴	qíng	_____	473.	少数	shǎoshù	_____
442.	晴天	qíngtiān	_____	474.	少年	shàonián	_____
443.	请客	qǐng//kè	_____	475.	身边	shēnbiān	_____
444.	请求	qǐngqiú	_____	476.	什么样	shénmeyàng	_____
445.	秋天	qiūtiān	_____	477.	生（动）	shēng	_____
446.	求	qiú	_____	478.	生词	shēngcí	_____
447.	球场	qiúchǎng	_____	479.	生活	shēnghuó	_____
448.	球队	qiúduì	_____	480.	声音	shēngyīn	_____
449.	球鞋	qiúxié	_____	481.	省（名）	shěng	_____
450.	取	qǔ	_____	482.	省（动）	shěng	_____
451.	取得	qǔdé	_____	483.	十分	shífēn	_____
452.	全	quán	_____	484.	实际	shíjì	_____
453.	全部	quánbù	_____	485.	实习	shíxí	_____
454.	全国	quánguó	_____	486.	实现	shíxiàn	_____
455.	全家	quánjiā	_____	487.	实在	shízài	_____
456.	全年	quánnián	_____	488.	实在	shízai	_____
457.	全身	quánshēn	_____	489.	食物	shíwù	_____
458.	全体	quántǐ	_____	490.	使用	shíyòng	_____
459.	然后	ránhòu	_____	491.	市	shì	_____
460.	让	ràng	_____	492.	市长	shìzhǎng	_____
461.	热情	rèqíng	_____	493.	事情	shìqing	_____
462.	人口	rénkǒu	_____	494.	收	shōu	_____
463.	人们	rénmen	_____	495.	收到	shōudào	_____
464.	人数	rénshù	_____	496.	收入	shōurù	_____
465.	认为	rènwéi	_____	497.	手表	shǒubiǎo	_____
466.	日报	rìbào	_____	498.	受到	shòudào	_____
467.	日子	rìzi	_____	499.	舒服	shūfu	_____
468.	如果	rúguǒ	_____	500.	熟	shú/shóu	_____
469.	入口	rùkǒu	_____	501.	数	shǔ	_____
470.	商量	shāngliang	_____	502.	数字	shùzì	_____

503. 水平	shuǐpíng	_____	535. 条件	tiáojiàn	_____
504. 顺利	shùnlì	_____	536. 听讲	tīng//jiǎng	_____
505. 说明	shuōmíng	_____	537. 听说	tīngshuō	_____
506. 司机	sījī	_____	538. 停	tíng	_____
507. 送到	sòngdào	_____	539. 停车	tíng//chē	_____
508. 送给	sòng gěi	_____	540. 停车场	tíngchēchǎng	_____
509. 算	suàn	_____	541. 挺（副）	tǐng	_____
510. 虽然	suīrán	_____	542. 挺好	tǐng hǎo	_____
511. 随便	suíbiàn	_____	543. 通	tōng	_____
512. 随时	suíshí	_____	544. 通过	tōngguò	_____
513. 所以	suǒyǐ	_____	545. 通知	tōngzhī	_____
514. 所有	suǒyǒu	_____	546. 同时	tóngshí	_____
515. 它	tā	_____	547. 同事	tóngshì	_____
516. 它们	tāmen	_____	548. 同样	tóngyàng	_____
517. 太太	tàitai	_____	549. 头（名、量）tóu	_____	
518. 太阳	tài·yáng	_____	550. 头（里头）tou（lǐtou）	_____	
519. 态度	tài·dù	_____	551. 头发	tóufa	_____
520. 讨论	tǎolùn	_____	552. 图片	túpiàn	_____
521. 套	tào	_____	553. 推	tuī	_____
522. 特别	tèbié	_____	554. 腿	tuǐ	_____
523. 特点	tèdiǎn	_____	555. 外地	wàidì	_____
524. 疼	téng	_____	556. 外卖	wàimài	_____
525. 提	tí	_____	557. 完	wán	_____
526. 提出	tíchū	_____	558. 完成	wán//chéng	_____
527. 提到	tídáo	_____	559. 完全	wánquán	_____
528. 提高	tí//gāo	_____	560. 晚安	wǎn'ān	_____
529. 题	tí	_____	561. 晚报	wǎnbào	_____
530. 体育	tǐyù	_____	562. 晚餐	wǎncān	_____
531. 体育场	tǐyùchǎng	_____	563. 晚会	wǎnhuì	_____
532. 体育馆	tǐyùguǎn	_____	564. 碗	wǎn	_____
533. 天上	tiānshàng	_____	565. 万	wàn	_____
534. 条	tiáo	_____	566. 网	wǎng	_____

567.	网球	wǎngqiú	_____	599.	向	xiàng	_____
568.	网站	wǎngzhàn	_____	600.	相机	xiàngjī	_____
569.	往	wǎng	_____	601.	像（动）	xiàng	_____
570.	为	wèi	_____	602.	小（小王）	xiǎo（Xiǎo Wáng）	_____
571.	为什么	wèi shénme	_____				
572.	位	wèi	_____	603.	小声	xiǎo shēng	_____
573.	味道	wèi·dào	_____	604.	小时候	xiǎoshíhou	_____
574.	喂（叹）	wèi	_____	605.	小说	xiǎoshuō	_____
575.	温度	wēndù	_____	606.	小心	xiǎoxīn	_____
576.	闻	wén	_____	607.	小组	xiǎozǔ	_____
577.	问路	wènlù	_____	608.	校园	xiàoyuán	_____
578.	问题	wèntí	_____	609.	校长	xiàozhǎng	_____
579.	午餐	wǔcān	_____	610.	笑话	xiàohua	_____
580.	午睡	wǔshuì	_____	611.	笑话儿	xiàohuar	_____
581.	西北	xīběi	_____	612.	鞋	xié	_____
582.	西餐	xīcān	_____	613.	心里	xīn·lǐ	_____
583.	西方	xīfāng	_____	614.	心情	xīnqíng	_____
584.	西南	xīnán	_____	615.	心中	xīnzhōng	_____
585.	西医	xīyī	_____	616.	新闻	xīnwén	_____
586.	习惯	xíguàn	_____	617.	信（名）	xìn	_____
587.	洗衣机	xīyījī	_____	618.	信号	xìnhào	_____
588.	洗澡	xǐ//zǎo	_____	619.	信息	xìnxī	_____
589.	下（量）	xià	_____	620.	信心	xìnxīn	_____
590.	下雪	xià xuě	_____	621.	信用卡	xìnyòngkǎ	_____
591.	下周	xià zhōu	_____	622.	星星	xīngxing	_____
592.	夏天	xiàtiān	_____	623.	行动	xíngdòng	_____
593.	相同	xiāngtóng	_____	624.	行人	xíngrén	_____
594.	相信	xiāngxìn	_____	625.	行为	xíngwéi	_____
595.	响	xiǎng	_____	626.	姓	xìng	_____
596.	想到	xiǎngdào	_____	627.	姓名	xìngmíng	_____
597.	想法	xiǎng·fǎ	_____	628.	休假	xiū//jià	_____
598.	想起	xiǎngqǐ	_____	629.	许多	xǔduō	_____

630. 选	xuǎn	_____	
631. 学期	xuéqī	_____	
632. 雪	xuě	_____	
633. 颜色	yánsè	_____	
634. 眼	yǎn	_____	
635. 眼睛	yǎnjing	_____	
636. 养	yǎng	_____	
637. 样子	yàngzi	_____	
638. 要求	yāoqiú	_____	
639. 药	yào	_____	
640. 药店	yàodiàn	_____	
641. 药片	yàopiàn	_____	
642. 药水	yàoshuǐ	_____	
643. 也许	yěxǔ	_____	
644. 夜	yè	_____	
645. 夜里	yè‧lǐ	_____	
646. 一部分	yí bùfen	_____	
647. 一定	yídìng	_____	
648. 一共	yígòng	_____	
649. 一会儿（副）	yíhuǐr	_____	
650. 一路平安	yílù-píng'ān	_____	
651. 一路顺风	yílù-shùnfēng	_____	
652. 已经	yǐjīng	_____	
653. 以后	yǐhòu	_____	
654. 以前	yǐqián	_____	
655. 以上	yǐshàng	_____	
656. 以外	yǐwài	_____	
657. 以为	yǐwéi	_____	
658. 以下	yǐxià	_____	
659. 椅子	yǐzi	_____	
660. 一般	yìbān	_____	
661. 一点点	yì diǎndiǎn	_____	

662. 一生	yìshēng	_____	
663. 一直	yìzhí	_____	
664. 亿	yì	_____	
665. 意见	yì‧jiàn	_____	
666. 意思	yìsi	_____	
667. 因为	yīn‧wèi	_____	
668. 阴	yīn	_____	
669. 阴天	yīntiān	_____	
670. 音节	yīnjié	_____	
671. 音乐	yīnyuè	_____	
672. 音乐会	yīnyuèhuì	_____	
673. 银行	yínháng	_____	
674. 银行卡	yínhángkǎ	_____	
675. 应该	yīnggāi	_____	
676. 英文	Yīngwén	_____	
677. 英语	Yīngyǔ	_____	
678. 影片	yǐngpiàn	_____	
679. 影响	yǐngxiǎng	_____	
680. 永远	yǒngyuǎn	_____	
681. 油	yóu	_____	
682. 游客	yóukè	_____	
683. 友好	yǒuhǎo	_____	
684. 有空儿	yǒukòngr	_____	
685. 有人	yǒu rén	_____	
686. 有（一）点儿	yǒu(yì)diǎnr	_____	
687. 有意思	yǒu yìsi	_____	
688. 又	yòu	_____	
689. 鱼	yú	_____	
690. 语言	yǔyán	_____	
691. 原来	yuánlái	_____	
692. 原因	yuányīn	_____	
693. 院	yuàn	_____	

694. 院长	yuànzhǎng	_____	725. 正常	zhèngcháng	_____
695. 院子	yuànzi	_____	726. 正好	zhènghǎo	_____
696. 愿意	yuànyì	_____	727. 正确	zhèngquè	_____
697. 月份	yuèfèn	_____	728. 正是	zhèng shì	_____
698. 月亮	yuèliang	_____	729. 直接	zhíjiē	_____
699. 越	yuè	_____	730. 只	zhǐ	_____
700. 越来越	yuè lái yuè	_____	731. 只能	zhǐ néng	_____
701. 云	yún	_____	732. 只要	zhǐyào	_____
702. 运动	yùndòng	_____	733. 纸	zhǐ	_____
703. 咱	zán	_____	734. 中餐	zhōngcān	_____
704. 咱们	zánmen	_____	735. 中级	zhōngjí	_____
705. 脏	zāng	_____	736. 中年	zhōngnián	_____
706. 早餐	zǎocān	_____	737. 中小学	zhōng-xiǎoxué	_____
707. 早晨	zǎochen	_____	738. 中心	zhōngxīn	_____
708. 早就	zǎo jiù	_____	739. 中医	zhōngyī	_____
709. 怎么办	zěnme bàn	_____	740. 重点	zhòngdiǎn	_____
710. 怎么样	zěnmeyàng	_____	741. 重视	zhòngshì	_____
711. 怎样	zěnyàng	_____	742. 周	zhōu	_____
712. 占	zhàn	_____	743. 周末	zhōumò	_____
713. 站（动）	zhàn	_____	744. 周年	zhōunián	_____
714. 站住	zhàn∥zhù	_____	745. 主人	zhǔ•rén	_____
715. 长	zhǎng	_____	746. 主要	zhǔyào	_____
716. 长大	zhǎngdà	_____	747. 住房	zhùfáng	_____
717. 找出	zhǎochū	_____	748. 住院	zhù∥yuàn	_____
718. 照顾	zhàogù	_____	749. 装	zhuāng	_____
719. 照片	zhàopiàn	_____	750. 准确	zhǔnquè	_____
720. 照相	zhào∥xiàng	_____	751. 自己	zìjǐ	_____
721. 这么	zhème	_____	752. 自行车	zìxíngchē	_____
722. 这时候｜这时	zhè shíhou｜zhè shí	_____	753. 自由	zìyóu	_____
			754. 字典	zìdiǎn	_____
723. 这样	zhèyàng	_____	755. 走过	zǒuguò	_____
724. 真正	zhēnzhèng	_____	756. 走进	zǒujìn	_____

757. 走开	zǒukāi	_____	765. 作文	zuòwén	_____
758. 租	zū	_____	766. 作业	zuòyè	_____
759. 组	zǔ	_____	767. 作用	zuòyòng	_____
760. 组成	zǔchéng	_____	768. 座	zuò	_____
761. 组长	zǔzhǎng	_____	769. 座位	zuò·wèi	_____
762. 嘴	zuǐ	_____	770. 做到	zuòdào	_____
763. 最近	zuìjìn	_____	771. 做法	zuò·fǎ	_____
764. 作家	zuòjiā	_____	772. 做饭	zuò∥fàn	_____

中文水平考试 HSK（二级）语法

A.2　二级语法点

A.2.1　词类

A.2.1.1　动词

【二 01】能愿动词

    （1）可能

        他可能出去了。

        我今天不可能写完这么多作业。

    （2）可以

        老师，我可以进来吗？

        这儿不可以停车。

【二 02】能愿动词：该、应该

        你该吃药了。

        你们应该去检查一下儿身体。

【二 03】能愿动词：愿意

        她很愿意帮助同学。

        我不愿意去外地工作。

【二 04】动词重叠：AA、A—A、A 了 A、ABAB

        我能用用你的手机吗？

        你想一想这个字的意思。

        他看了看我，没说话。

        请介绍介绍你的朋友。

A.2.1.2　代词

【二 05】疑问代词：多久、为什么、怎么样、怎样

        昨天的作业，你写了多久？

        你为什么不去上课？

        爸爸的身体怎么样？

        这个字怎样写？

【二06】人称代词：别人、大家、它、它们、咱、咱们、自己

我想听听别人的意见。

大家一起唱歌吧。

那个书包很好看，我喜欢它的颜色。

我家有猫有狗，它们都是我的朋友。

咱一起走吧。

明天咱们去动物园，怎么样？

你一定要相信自己。

自己的事自己做。

【二07】指示代词：那么、那样、这么、这样

你女朋友有她那么漂亮吗？

筷子不能那样拿。

他哥哥有你这么高。

这个汉字这样写。

A.2.1.3　形容词

【二08】形容词重叠：AA、AABB

那个女孩儿高高的个子，大大的眼睛，非常漂亮。

这个房间干干净净的。

他们都高高兴兴地回家了。

A.2.1.4　数词

【二09】千、万、亿

一千三百五十二　　三千五（百）　　三千零五十　　三千零五

两万一千四百六十五　　五万六（千）　　五万零六百　　五万零六

四亿五千万　　四亿五千六百七十二万

※序数词（见【二72】"序数表示法"）

A.2.1.5　量词

【二10】名量词：层、封、件、条、位

两层楼　　一封信　　一件衣服　　一条河　　一位老师

【二11】动量词：遍、次、场、回、下

看两遍　　去一次　　哭一场　　来两回　　打一下儿

【二12】时量词：分钟、年、天、周

十分钟　　两年　　五天　　三周

A. 2. 1. 6　副词

【二 13】程度副词：多、多么、好、更、十分、特别、挺、有（一）点儿

这孩子多可爱啊！

那些花多么漂亮啊！

这个教室好大啊！

他很高，他弟弟更高。

这包子十分好吃。

王老师的儿子特别可爱。

那儿挺安静的。

今天天气有（一）点儿热。

【二 14】范围、协同副词：全、一共、只

同学们全来了。

我们班一共有二十人。

卡里只有二百块钱。

【二 15】时间副词：刚、刚刚、还²、忽然、一直、已经

我刚从学校回到家。

白老师刚刚从国外回来。

外边还在下雨呢。

街上的灯忽然都亮了。

她一直在说话。

校长已经下班了。

【二 16】频率、重复副词：重新、经常、老、老是、又

这篇作文我要重新写一遍。

我经常看见他在图书馆学习。

这个汉字有点儿难，我老写错。

这个月北京老是下雨。

我们队又进了一个球。

【二 17】关联副词：就¹

如果明天天气好，我就去爬山。

你有时间的话，我们就一起出去走走吧。

【二 18】方式副词：故意

说话的时候，他故意提高声音，这样大家都能听见。

我不是故意弄坏电脑的。

【二 19】情态副词：必须、差不多、好像、一定、也许

　　　　要取得好成绩，大家必须努力学习。

　　　　机票差不多要两千块钱。

　　　　今天好像要下雨。

　　　　你到北京后，一定要去看看王老师。

　　　　我今年也许会去中国学习中文。

【二 20】语气副词：才¹、都²、就²、正好

　　　　我今天八点才起床。

　　　　她一百块钱才买了两本书。

　　　　都十二点了，我们该睡觉了。

　　　　班长七点半就到教室了。

　　　　他一遍就听懂了这个很长的句子。

　　　　今年我的生日正好是星期天。

A.2.1.7　介词

A.2.1.7.1　引出时间

【二 21】当

　　　　当他进来的时候，我们正在看电视。

　　　　当爸爸回来的时候，妈妈已经做好晚饭了。

A.2.1.7.2　引出方向、路径

【二 22】往

　　　　你往左走，就能看见洗手间。

　　　　你往前走一百米就到了。

【二 23】向¹

　　　　你向西边看，看见西山了吗？

　　　　他向图书馆走去了。

【二 24】从²

　　　　你从这儿走，五分钟就到书店了。

　　　　这路公交车从我们学校门口过。

A.2.1.7.3　引出对象

【二 25】对

　　　　她对顾客非常热情。

　　　　这件事你对他说了吗？

【二 26】给

我晚上要给女朋友打电话。

她后天过生日，我们给她送什么礼物呢？

【二 27】离

这儿离车站有点儿远。

现在离放假有一个星期的时间。

A. 2. 1. 7. 4　引出目的、原因

【二 28】为¹

为大家的健康干杯！

我们都为你的好成绩高兴。

A. 2. 1. 8　连词

【二 29】连接词或短语：或、或者

星期天我想去看电影或听音乐会。

我下午去打球或者去爬山。

【二 30】连接分句或句子：不过、但、但是、而且、那、如果、虽然、只要

现在已经是冬天了，但北京还不太冷。

你不去，那我就一个人去。

（"不过、但是、而且、如果、虽然、只要"例句参见复句部分）

A. 2. 1. 9　助词

【二 31】结构助词：得

他走得有点儿快。

她篮球打得很不错。

【二 32】动态助词：过

我去过一次中国。/我没去过中国。

他学过一点儿中文。/他没学过中文。

【二 33】动态助词：着

门关着。/门没关着。

电视开着呢。/电视没开着。

他穿着一件黑大衣。

孩子们在教室里高兴地唱着歌。

【二 34】语气助词：啊¹、吧²、的²

今天真冷啊！

您是老师吧？

我是昨天来的。

【二35】其他助词：的话、等

你要来的话，就给我打个电话，我去接你。

我去超市买了很多东西，有酒、水果、牛奶等。

A. 2. 1. 10　叹词

【二36】喂

喂，是王老师吗？

喂，您找哪位？

A. 2. 2　短语

A. 2. 2. 1　结构类型

【二37】基本结构类型

(1) 联合短语

　　北京上海　　我和他　　又大又干净　　去不去

(2) 偏正短语

　　新衣服　　学校的图书馆　　认真学习　　特别开心

(3) 动宾短语

　　买东西　　吃水果　　学习中文　　进教室

(4) 动补短语

　　听清楚　　走来　　说得很高兴　　听两遍

(5) 主谓短语

　　我休息　　他出国　　教室很大　　学习认真

【二38】其他结构类型1

(1) "的"字短语

　　我的　　黑色的　　新的　　吃的　　他买的

(2) 连谓短语

　　去买东西　　哭着说　　坐飞机去北京　　去图书馆借书

A. 2. 2. 2　功能类型

【二39】名词性短语

　　新书　　我的衣服　　中文水平　　一条河　　两本　　这件

【二40】动词性短语

　　买水果　　写完　　拿出来　　常常休息　　可以去

【二 41】 形容词性短语

很舒服　　非常高兴　　大一点儿　　又漂亮又可爱

A.2.2.3　固定短语

A.2.2.3.1　其他

【二 42】 不一会儿

今天的作业我不一会儿就做完了。

我们走到车站，不一会儿，公交车就来了。

【二 43】 什么的

考试前多做点儿练习什么的。

我去超市买了一些水果、面包什么的。

【二 44】 越来越

天气越来越热了。

我越来越喜欢学习中文。

A.2.3　固定格式

【二 45】 还是……吧

打车太贵了，你还是坐地铁吧。

外边下雨了，我们还是在房间看电视吧。

【二 46】 又……又……

这个饭馆的菜又好吃又便宜。

这球鞋又贵又不好看。

【二 47】 (在) ……以前/以后/前/后

在来中国以前，我只学过一点儿中文。

吃完午饭以后，我常常会睡一会儿。

你运动前应该活动一下儿身体。

我明天下课后就去你那儿。

A.2.4　句子成分

A.2.4.1　谓语

【二 48】 名词、代词、数词或数量短语、名词性短语作谓语

今天晴天。

明天星期五。

这儿怎么样？

他四十，女儿十六。

这本中文书二十五块。

我北京人，今年二十五岁。

她高个子，黄头发，很漂亮。

A. 2. 4. 2　补语

【二 49】结果补语 1：动词＋错/懂/干净/好/会/清楚/完

写错　　看懂　　洗干净　　做好　　学会　　听清楚　　吃完

你写错了两个汉字。

这个句子我没看懂。

衣服我洗干净了，

这道题你学会了没有？

这道题我没学会。

你听清楚老师的话了吗？

老师的话我听清楚了。

【二 50】趋向补语 1

简单趋向补语的趋向意义用法

(1) 动词＋来/去

你看，他向这边走来了。

甲：这件礼物怎么给他？

乙：你给他带去吧。

我明天带一个相机来。

他昨天带来了一个相机。

甲：你的词典呢？

乙：不好意思，我没拿来。

(2) 动词＋上/下/进/出/起/过/回/开

你爬上十九楼了没有？

我没爬上十九楼，到十楼就不行了。

爸爸从车上拿下电脑，放回房间。

妈妈走上二楼，从包里拿出一封信。

车开进学校了，我们快过去吧。

你打开包给我看看。

【二 51】状态补语 1：动词＋得＋形容词性词语

她跑得很快。

我们玩儿得很高兴。

【二 52】数量补语 1：动词＋动量补语

　　　我去过一次。

　　　我们休息一下儿。

【二 53】数量补语 2：形容词＋数量补语

　　　我比弟弟大两岁。

　　　昨天根热，令天凉快一点儿。

　　　地的中文比我流利一些。

A.2.5　句子的类型

A.2.5.1　句型

【二 54】主谓句 3：名词谓语句

　　　明天明天。

　　　他中国人。

　　　现在八点二十分。

A.2.5.2　特殊句型

【二 55】"有"字句 2

　　（1）表示评价、达到

　　　　　他有一米八高。

　　　　　他有三十多岁。

　　（2）表示比较（见【二 58】"比较句 2－(4)"）

【二 56】存现句 1：表示存在

　　（1）处所＋有＋数量短语＋名词（见【一 37】"'有'字句 1－(2)"）

　　（2）处所＋动词＋着（＋数量短语）＋名词

　　　　　桌子上放着一本词典。

　　　　　教室前边站着一位老师。

　　　　　桌子上放着书、笔和本子。

【二 57】连动句 1：表示前后动作先后发生

　　　他开门出去了。

　　　我们吃完饭去图书馆吧。

【二 58】比较句 2

　　（1）A 比 B＋形容词＋数量补语

　　　　　姐姐比我大两岁。

　　　　　房间外边比里边凉快一些。

(2) A 比 B＋更/还＋形容词

他的手机比我的更贵。

今天比昨天还凉快。

(3) A 不如 B（＋形容词）

我的中文成绩不如班长。

火车不如飞机快。

(4) A 有 B（＋这么/那么）＋形容词

你哥哥有你高吗？

她家的院子有篮球场那么大。

【二 59】比较句 3

(1) A 跟 B 一样/相同

我的爱好跟姐姐一样。

他的想法跟我相同。

哥哥的手机跟我的不一样。

我跟她一样，都是这个学校的学生。

(2) A 跟 B 一样＋形容词

姐姐跟妹妹一样可爱。

哥哥和弟弟不一样高。

【二 60】"是……的" 句 1：强调时间、地点、方式、动作者

我是昨天到北京的。

他是在网上买的手机。

我们是坐飞机来的。

这件事是老师告诉我的。

【二 61】双宾语句

(1) 主语＋动词＋宾语 1＋宾语 2

我给妹妹一本书。

爸爸送我一辆汽车。

(2) 主语＋动词＋给＋宾语 1＋宾语 2

朋友借给我一千块钱。

姐姐送给我一个手机。

A.2.5.3　复句

【二 62】承接复句

(1) 不用关联词语

吃了晚饭，我们出去走走。

他回房间拿了衣服，去教室上课了。

（2）用关联词语：先……，再/然后……

你先去超市买东西，再回家。

我先去吃午饭，然后回房间休息。

【二 63】递进复句

（1）不用关联词语

那个地方我去过了，去过两次了。

他弟弟会说中文，说得很流利。

（2）用关联词语：……，更/还……；不但……，而且……

昨天很冷，今天更冷了。

班长学习很好，还经常帮助同学。

她不但会说中文，而且说得很好。

【二 64】选择复句

（1）不用关联词语

这次旅行你坐火车，坐飞机？

我们星期六去，星期天去？

（2）用关联词语：（是）……，还是……

你是坐火车来的，还是坐飞机来的？

周末你们想去打排球，还是想去打篮球？

【二 65】转折复句

（1）不用关联词语

这件衣服样子不错，有点儿贵。

这次去饭店，我们花钱不多，吃得很不错。

（2）用关联词语：虽然……，但是/可是……；……，不过……

那个公园虽然不大，但是非常漂亮。

虽然明天可能下雨，可是我还是想去那儿看看。

这个房间不太大，不过住者很舒服。

【二 66】假设复句

（1）不用关联词语

明天下雨，我们在家休息。

明天不下雨，我们出去玩儿。

（2）用关联词语：如果……，就……；……的话，就……

如果你下午有时间，我们就一起去超市吧。

明天天气不好的话，我就不去公园了。

【二 67】条件复句：只要……，就……

　　　　只要你认真学习，就一定能取得好成绩。

　　　　只要你通过这次考试，我就送你一件礼物。

【二 68】因果复句

　　（1）不用关联词语

　　　　我今天太忙了，午饭都没吃。

　　　　那个学生病了，没来上课。

　　（2）用关联词语：因为……，所以……

　　　　因为很累，所以我今天不想做饭了。

　　　　因为明天有考试，所以我想早一点儿睡觉。

【二 69】紧缩复句：一……就……

　　　　他一起床就去洗脸。

　　　　我一喝酒就脸红。

A. 2. 6　动作的态

【二 70】持续态：动词＋着

　　（1）表示状态的持续

　　　　灯一直亮着。/灯没亮着。

　　　　电脑开着。/电脑没开着。

　　（2）表示动作的持续

　　　　外边下着雪呢。/外边没下雪。

　　　　他们说着、笑着，不一会儿就到学校了。

【二 71】经历态：用动态助词"过"表示

　　　　他学过中文。/他没学过中文。

　　　　我吃过饺子。/我没吃过饺子。

A. 2. 7　特殊表达法

【二 72】序数表示法

　　　　第一　　第三　　第七　　二楼　　三层

　　　　13 号楼　　205 房间　　302 路公交车

【二 73】概数表示法 1

　　（1）数词＋多＋量词

　　　　三十多本　　五十多斤

　　（2）数词＋量词＋多

　　　　三块多　　四米多　　七斤多

A.2.8　强调的方法

【二 74】用"就"表示强调

　　　　教学楼就在前边。

　　　　你看，这就是我们上课的教室。

※ "是……的"表示强调（见【二 60】"'是…的'句 1"和【四 42】"'是……的'句 2"）

A.2.9　提问的方法

【二 75】用"好吗、可以吗、行吗、怎么样"提问

　　　　我们明天八点出发，好吗？

　　　　你明天早点儿来，可以吗？

　　　　你的词典借我用用，行吗？

　　　　我们今天吃面条儿，怎么样？

【二 76】用"什么时候、什么样、为什么、怎么样、怎样"提问

　　　　你们什么时候见面？

　　　　你喜欢什么样的朋友？

　　　　你为什么没去上课？

　　　　明天天气怎么样？

　　　　你明天怎样去学校？

【二 77】用"呢"构成的省略式疑问句"代词/名词＋呢？"提问

　　　　我去医院，你呢？

　　　　书在桌子上，笔呢？

【二 78】用"是不是"提问

　　　　你要去体育馆打球，是不是？

　　　　是不是你拿了我的笔？

　　　　你是不是有很多中国朋友？

【二 79】用"吧"提问

　　　　您是经理吧？

　　　　你以前学过中文吧？

A.2.10　口语格式

【二 80】该……了

　　　　十一点了，该睡觉了。

　　　　明天有听写，我该复习生词了。

【二 81】要/快要/就要……了

要下雨了。

我们快要放假了。

他们明天就要考试了。